ΠΕΡΙΕΧΟΜΕΝΑ

ΠΡΟΛΟΓΟΣ

Στόχος αυτής της μελέτης είναι αρχικά ο αναγνώστης να γνωρίσει τις βασικές θεωρίες περί χρώματος και ψυχολογικής επίδρασης, ώστε να κατανοήσει την εμπορική εφαρμογή του χρώματος. Στην συνέχεια με βάση τις γνώσεις που θα αποκομίσει, μπορεί να προχωρήσει σε δικές του εφαρμογές προς όφελος της εμπορικής επιχείρησης στην οποία εργάζεται .

Η πρώτη ενότητα αναφέρεται στη συγκέντρωση ερεθισμάτων από τον χώρο της ψυχολογίας, του μάρκετινγκ αλλά και της γραφιστικής. Έτσι η μελέτη ξεκινά με μια θεωρητική προσέγγιση του θέματος, η βάση της πυραμίδας στο θέμα μας είναι η ψυχολογία του χρώματος. Μια εισαγωγή στην ψυχολογία χρώματος και την επίδραση της στον ανθρώπινο οργανισμό και την ψυχολογία του αποτελεί το εναρκτήριο ερέθισμα για το ταξίδι στον κόσμο του χρώματος. Η ψυχολογία του χρώματος μπορεί να συνδεθεί με το προϊόν και να οδηγήσει στην έλξη του καταναλωτή όπως διαβάζουμε στο επόμενο κεφάλαιο. Γι αυτό ακριβώς θα δούμε τις ψυχολογικές επιδράσεις των 3 βασικών χρωμάτων και τις εφαρμογές τους με τα προϊόντα.

Η έρευνα μας συνεχίζεται στη δεύτερη ενότητα με τη χρήση του χρώματος στον κόσμο του εμπορίου. Το χρώμα χρησιμοποιείται αρκετά στο λιανεμπόριο τόσο στον χώρο της συσκευασίας όσο και στην διαμόρφωση βιτρίνας καταστήματος. Βέβαια υπάρχουν και ιδιαιτερότητες όπως είναι η αλληλεπίδραση χρώματος με φως που μεταβάλλει την εικόνα του χρώματος. Εκτός από το λιανεμπόριο θα εξετάσουμε την χρωματική παρουσία στην έντυπη διαφήμιση, στο ηλεκτρονικό εμπόριο και θα προτείνουμε τρόπους βελτίωσης της χρήσης του.

Το τρίτο μέρος της μελέτης θα ασχοληθεί με ευκαιρίες στον χώρο του μάρκετινγκ όπου δεν έχουν αξιοποιηθεί ακόμα και το χρώμα μπορεί να έχει σημαντική συμβολή. Μιλάμε φυσικά για καταναλωτικές ομάδες με ιδιαιτερότητες, καταναλωτές που αγνοούνται από τις επιχειρήσεις και την χρήση του χρώματος στη αξιολόγηση / επιλογή προσωπικού και την εξοικονόμηση ενέργειας.

ΕΙΣΑΓΩΓΗ

Όλη μας η ζωή είναι γεμάτη χρώμα, όπου και αν κοιτάξουμε υπάρχουν διάφορα αντικείμενα που περιέχουν χρώμα. Το χρώμα είναι αποτέλεσμα της απορρόφησης του φωτός από τα αντικείμενα, ανάλογα με την ποσότητα και ποιότητα φωτός έχουμε την δυνατότητα να δούμε διαφορετικά χρώματα. Τα βασικά χρώματα στην τέχνη θεωρούνται το κόκκινο, το κίτρινο και το μπλε γιατί από τον συνδυασμό τους μπορούμε να δημιουργήσουμε άλλα χρώματα.

Το χρώμα έχει τον ρόλο του και συμβολισμό μέσα στην ανθρώπινη ιστορία, τα μαύρα ρούχα χρησιμοποιήθηκαν ως ένδειξη πένθους, η λευκή σημαία συμβολίζει την ανακωχή και ειρήνη μεταξύ λαών, το μπλε χρώμα της Ελληνικής σημαίας συμβολίζει την Ελληνική θάλασσα, κτλ. Άρα το χρώμα πέρα από μία ιδιότητα του φωτός αποτελεί συμβολικό στοιχείο για τον άνθρωπο.

Ο συμβολισμός των χρωμάτων και η επίδραση τους αποτέλεσε πεδίο επιστημονικής μελέτης για τον Φρόυντ, τον Αριστοτέλη αλλά και για πιο σύγχρονους όπως ο Μαξ Λούσερ. Ο Μαξ Λούσερ με το βιβλίο του Χρωμο Τεστ διέδωσε στο ευρύ κοινό την ψυχολογική επίδραση του χρώματος και την σχέση χρώματος με την προσωπικότητα. Μάλιστα το μεγαλύτερο μέρος της έρευνας αυτής είναι επηρεασμένο από την δουλεία του Λούσερ.

Η ψυχολογική επίδραση του χρώματος έγινε αντιληπτή και γι' αυτό χρησιμοποιείται κατά κόρον στον χώρο του εμπορίου. Τα περισσότερα προϊόντα που αγοράζουμε έχουν συσκευασία συγκεκριμένου χρώματος η συνδυασμού περισσοτέρων χρωμάτων. Οι επιχειρήσεις λαμβάνουν υπόψη τον παράγοντα χρώμα για την δημιουργία προϊόντων αλλά ακόμα η εφαρμογή του περιορίζεται στον χώρο της συσκευασίας χωρίς να χρησιμοποιείται ιδιαίτερα και σε άλλους τομείς όπως η διαδικασία επιλογής προσωπικού, εξοικονόμηση θερμότητας, κτλ

1.ΨΥΧΟΛΟΓΙΚΗ ΕΠΙΔΡΑΣΗ ΧΡΩΜΑΤΟΣ

Η μελέτη αυτή είναι προσανατολισμένη προς τις επιχειρήσεις αλλά για την καλύτερη κατανόηση του περιεχομένου απαιτείται πρώτα μια θεωρητική προσέγγιση του θέματος . Έτσι λοιπόν θα χρησιμοποιήσουμε όρους ψυχολογίας και θα προσπαθήσουμε να τους συνδέσουμε με το σκεπτικό της σύγχρονης επιχείρησης.

Ο καταναλωτής έχει συγκεκριμένη καταναλωτική συμπεριφορά[1] κι αυτή εξαρτάται από τα ερεθίσματα που δέχεται. Το χρώμα ως ένα οπτικό ερέθισμα, είναι δυνατόν να περάσει ένα μήνυμα το οποίο περνά μία διαδικασία αποκωδικοποίησης από τον εγκέφαλο του καταναλωτή. Η διαδικασία και το μήνυμα που θα επικοινωνήσει το χρώμα, αναλύονται σε αυτό το κεφάλαιο.

1.1 ΨΥΧΟΛΟΓΙΑ ΧΡΩΜΑΤΟΣ

Η ψυχολογία του χρώματος είναι ένας χώρος ο οποίος έχει ιδιαίτερη εφαρμογή στον τομέα του Marketing και είναι ένα εργαλείο για όλες τις επιχειρήσεις που ψάχνουν τον καλύτερο δυνατό τρόπο, να αποκτήσουν ανταγωνιστικό πλεονέκτημα στον κλάδο τους[2].

Η μελέτη του θέματος αυτού παρουσιάζει σημαντικό ενδιαφέρον και πολύπλευρη γνώση, διότι για την ανάλυση της όλης διαδικασίας χρειάζονται γνώσεις **Ψυχολογίας**[3] και **Επικοινωνίας**[4]. Μέσα από αυτή την μελέτη θα συνδυάσουμε και τις 2 παραμέτρους αλλά σε αυτό το κεφάλαιο θα ξεκινήσουμε με μια ιδιαίτερη βαρύτητα στην **Ψυχολογία** που είναι ουσιαστικά η βάση της πυραμίδας[5].

---

[1] Ένα απλό υπόδειγμα συμπεριφοράς καταναλωτή: Σιώμκος, Γ., Συμπεριφορά Καταναλωτή & Στρατηγική Μάρκετινγκ, Τόμος Α, Αθήνα – Πειραιάς 1994, σελ. 30

[2] ανταγωνιστικό πλεονέκτημα ενός προϊόντος μπορεί να είναι ένα υλικό η αυλο στοιχείο του.

[3] Η ψυχολογία χρησιμοποιείται αρκετά συχνά στον χώρο του μάρκετινγκ. Επειδή αρκετές φορές τα προϊόντα απευθύνονται σε μια μάζα ατόμων, είναι ενδιαφέρον να κατανοήσουμε την ψυχολογία της μάζας: Φρόυντ, Σ., Ψυχολογία των Μαζών και ανάλυση του Εγώ, Αθήνα 1994, σελ. 75 - 82

[4] Όλοι μιλούν για επικοινωνία αλλά λίγοι είναι αυτοί που έχουν καταλάβει την σημασία της μη γλωσσικής επικοινωνίας ή γλώσσας του σώματος: Pease, A., Η Γλώσσα του Σώματος, Αθήνα 1991, σελ. 11 - 13

[5] Η πυραμίδα εδώ χρησιμοποιείται ως σχήμα λόγου αλλά η έννοια είναι περισσότερο γνωστή για τον μυστικιστικό της χαρακτήρα: Valentine, T., Το Μυστήριο της Μεγάλης Πυραμίδας, Αθήνα 1981, σελ. 76 - 80

Έτσι στην Ενότητα 1.1.1 θα μιλήσουμε για την θεωρία της ψυχολογίας του χρώματος, θα εξειδικέψουμε το θέμα μιλώντας στην ενότητα 1.1.2 για την άμεση ψυχολογική επίδραση και στην ενότητα 1.1.3 θα μιλήσουμε για την έμμεση ψυχολογική επίδραση.

1.1.1 ΕΙΣΑΓΩΓΗ ΣΤΗΝ ΨΥΧΟΛΟΓΙΑ ΧΡΩΜΑΤΟΣ

Σε όλες τις μορφές επικοινωνίας, είτε πρόκειται για τέχνη είτε για «στρατευόμενη τέχνη» όπως συνηθίζεται να λέγεται η διαφήμιση[6] από μερικούς, το χρώμα αποτελεί έναν πομπό ο οποίος εκπέμπει συναισθήματα . Αλλά ας πάρουμε τα πράγματα από την αρχή και ας δούμε αναλυτικά τι ακριβώς συμβαίνει. Το χρώμα λοιπόν δεν είναι τίποτα άλλο από **κύματα φωτός διαφορετικών μηκών, τα οποία αντιλαμβανόμαστε ως διαφορετικά χρώματα**. Όταν λοιπόν βλέπουμε ένα αντικείμενο, στην πραγματικότητα διακρίνουμε εκατοντάδες ζώνες μήκους κύματος φωτός, κάποιες από αυτές αντανακλούνται από το αντικείμενο και λαμβάνονται από τα αισθητηριακά κύματα[7] του αμφιβληστροειδή. Λόγω αυτής της ικανότητας μπορούμε και αντιλαμβανόμαστε τον κόσμο με χρώμα.

Το κόκκινο χρώμα, το κίτρινο και το μπλε λέγονται **βασικά χρώματα[8]** γιατί από τον συνδυασμό τους μπορούμε να πάρουμε όλα τα άλλα χρώματα[9], ενώ αυτά τα τρία χρώματα δεν μπορούμε να τα φτιάξουμε από συνδυασμούς άλλων χρωμάτων. **Ψυχρά χρώματα[10]**, είναι όλα τα χρώματα που έχουν περισσότερο μπλε[11], ενώ **θερμά χρώματα** είναι αυτά που έχουν περισσότερο κόκκινο ή κίτρινο[12].

Σε οποιαδήποτε μορφή τέχνης, τα συναισθήματα του δημιουργού εκφράζονται με την κατασκευή ενός έργου με υλική ή άυλη υπόσταση (π.χ. ένας πίνακας ζωγραφικής ή ένα μουσικό κομμάτι) .Όταν τελειώσει αυτό το έργο και εκτεθεί στον

---

[6] Ένας ενδιαφέρον ορισμός για την Διαφήμιση υπάρχει στο : Samson, H. / Price, W., Διαφήμιση – Προγραμματισμός & Τεχνικές, Αθήνα 1997, σελ. 8
[7] Οι κώνοι του ματιού
[8] Το σύστημα χρωμάτων στην Τέχνη αναγνωρίζει ως βασικά χρώματα το κόκκινο , το κίτρινο και το μπλε. Όμως υπάρχουν και συστήματα χρωμάτων σε άλλους τομείς που χρησιμοποιούν διαφορετικά χρώματα ως βασικά. Η ιστοσελίδα http://www.colormatters.com/rgb.html περιέχει πληροφορίες για τα διαφορετικά συστήματα χρωμάτων.
[9] Τα χρώματα που μπορούμε να φτιάξουμε συνδυάζοντας τα βασικά είναι: μπλε + κίτρινο = πράσινο, κόκκινο + κίτρινο = πορτοκαλί, μπλε + κόκκινο = μωβ
[10] Τα ψυχρά χρώματα δίνουν την αίσθηση του ψύχους και γι αυτό χρησιμοποιούνται πολύ συχνά σε διαφημίσεις ψυγείων.
[11] Δηλαδή το πράσινο, το μωβ, το γαλάζιο, κτλ.
[12] Δηλαδή το πορτοκαλί, το καφέ, το ροζ, κτλ.

θεατή, τότε **το ίδιο το έργο πια λειτουργεί ως πομπός των συναισθημάτων σύμφωνα με τα οποία δημιουργήθηκε**. Άρα αφού προκαλεί συναίσθημα, τότε ασκεί και επίδραση στην ψυχολογία του θεατή.

Κάτι ανάλογο συμβαίνει και με την διαφήμιση που επίσης θεωρείται Τέχνη[13]. Ο γραφίστας[14] κατασκευάζει ένα υλικό έργο (π.χ. μια έντυπη καταχώρηση) το οποίο εκφράζει τα συναισθήματα του δημιουργού που πρέπει όμως να είναι σε συμφωνία με τους στόχους **Marketing του προϊόντος**[15]. Έπειτα η καταχώρηση θα λειτουργήσει ως πομπός συναισθημάτων και θα επιδράσει στην ψυχολογία του καταναλωτή. Ένα από τα οπτικά στοιχεία που βοηθούν στην άσκηση ψυχολογικής επίδρασης είναι το χρώμα. Η ψυχολογική επίδραση του χρώματος, χωρίζεται σε δύο είδη : **α) Άμεση Επίδραση** και **β) Έμμεση Επίδραση**[16] .

α) Άμεση Επίδραση: Σε αυτή την περίπτωση το χρώμα επιδρά ως αυτόνομος ερεθισμός προς τον ανθρώπινο οργανισμό και μετά προκαλεί ψυχολογική αντίδραση. Αυτό οφείλεται στα φυσιολογικά αποτελέσματα που περιέχει ο χρωματικός ερεθισμός, δηλαδή κάποιες ιδιότητες του χρώματος[17]. Π.χ. το κόκκινο προκαλεί αύξηση στους χτύπους της καρδιάς και φόβο στην συνέχεια

β) Έμμεση Επίδραση: Εδώ το χρώμα ως ερεθισμός προκαλεί ψυχολογικούς συνειρμούς καθολικής ή ατομικής σημασίας και αντίστοιχες προς τον ερεθισμό ψυχικές αντιδράσεις. Για παράδειγμα η θέα του μαύρου[18] συσχετίζεται με το μαύρο που είναι το χρώμα του πένθους και προκαλεί λύπη.

---

[13] Για την τέχνη της ποπ μουσικής ως ιστορία και ως ιδεολογία μπορείτε να διαβάσετε: Χατζ, Ντ. / Μίλγουωρντ, Από το Μπλουζ στο Ροκ, Αθήνα 1994, σελ. 167 -187
[14] Ο γραφίστας αναλαμβάνει την οπτική απεικόνιση μιας διαφημιστικής ιδέας και συνήθως είναι αναγκασμένος να δουλεύει πολλές ώρες εργασίας
[15] Ο Υπεύθυνος Marketing ενημερώνει τον γραφίστα για τους στόχους του προϊόντος (π.χ. αναγνωρισιμότητα, διαφοροποίηση από τον ανταγωνισμό, κ.α.) και ο γραφίστας χρησιμοποιώντας την φαντασία του προσπαθεί να απεικονίσει το προϊόν και να προκαλέσει ανάλογα ερεθίσματα στο κοινό.
[16] Πάντος, Θ., Η Αίσθηση Του Χρώματος, Αθήνα 1980, σελ. 82
[17] Οι φυσιολογικές ιδιότητες του χρώματος είναι διάφορες και αρκετά σημαντικές
[18] Το μαύρο χρώμα είναι από τα λίγα χρώματα που έχουν σχεδόν την ίδια έννοια σε όλους τους πολιτισμούς

1.1.2 ΑΜΕΣΗ ΨΥΧΟΛΟΓΙΚΗ ΕΠΙΔΡΑΣΗ

Η Άμεση Ψυχολογική επίδραση σχετίζεται με την **οπτική αντίδραση του ανθρώπινου οργανισμού στο χρώμα και το ψυχολογικό αποτέλεσμα που επιτυγχάνεται στην συνέχεια**. Επειδή πρώτα πρέπει να αποδειχθεί ότι η όραση ενός χρώματος όντως επηρεάζει τον ανθρώπινο οργανισμό, μπορούμε να αναφέρουμε την θεωρία των αντιθέσεων του φυσιολόγου **Hering**[19].

Σύμφωνα με τον Hering λοιπόν, η **ροδοψίνη**[20] λευκαίνει κάτω από την επίδραση ζωηρών χρωμάτων και αναπαράγεται όταν εκτίθεται σε σκοτεινά χρώματα. Δηλαδή τα ανοιχτά χρώματα διασπούν την ουσία, ενώ τα σκοτεινά την αναπαράγουν, αυτό συμβαίνει με όλα τα χρώματα ανάλογα την φωτεινότητα τους.

Οι οπτικοί ερεθισμοί εκτός από την επιρροή στην ροδοψίνη **προκαλούν αλυσιδωτές αντιδράσεις σε άλλες οργανικές λειτουργίες** όπως οι χτύποι της καρδιάς , η πίεση του αίματος και αυτές με την σειρά τους προκαλούν συναισθήματα, δηλαδή ψυχολογική αντίδραση. Η φωτεινότητα λοιπόν του κάθε χρώματος προκαλεί ανάλογο ερεθισμό στο μάτι.

➢ **Τα χρώματα που πλησιάζουν προς το λευκό το ανοικτό, αποκτούν χαρακτήρα ελαφρό, ψυχρό, οξύ, ζωηρό και εκφράζουν χαρά**.

➢ **Τα χρώματα που τείνουν προς το μαύρο το σκούρο, αποκτούν χαρακτήρα αργό, πηκτό, κα εκφράζουν λύπη**

Σε πρακτικό επίπεδο, κάποιες τεχνικές για την δημιουργία κατάλληλης φωτεινότητας χρώματος και ανάλογων συναισθημάτων είναι η χρησιμοποίηση ειδικών υλικών: κόλλες και γαλακτώματα για φωτεινότητα χρώματος – λάδια και βερνίκια για πιο σκοτεινά χρώματα.

Σε διάφορα πειράματα που έγιναν ζητήθηκε από ορισμένα άτομα να εκτεθούν στο καθαρό **κόκκινο** χρώμα για διαφορετικά χρονικά διαστήματα. Έπειτα αποδείχθηκε ότι το χρώμα αυτό είχε ερεθιστικό αποτέλεσμα στο νευρικό σύστημα με

---

[19] Λούσερ, Μ., Χρωμο-Τεστ, Αθήνα 1978, σελ.21-23
[20] Μια ερυθρή ουσία που βρίσκεται στον αμφιβληστροειδή χιτώνα του ματιού

την **αύξηση της πίεσης του αίματος, επιτάχυνση της αναπνοής και των κτύπων της καρδιάς**. Λόγω αυτών των επιδράσεων, ο άνθρωπος νιώθει το αίσθημα του φόβου και έχει την τάση για επιθετικότητα[21].

Μια άλλη φυσιολογική επίδραση του χρώματος παρατηρήθηκε με την έκθεση στο καθαρό **μπλε**[22] χρώμα και είχε ακριβώς τα αντίθετα αποτελέσματα, δηλαδή **μειώνεται η πίεση του αίματος , επιβραδύνεται η αναπνοή και οι κτύποι της καρδιάς**. Αυτό μεταφράζεται σε πλήρη ηρεμία του ανθρώπου και αίσθημα χαράς.

Το μπλε όπως και το πράσινο[23] ανήκουν στα ψυχρά χρώματα, τα οποία θεωρείται ότι έχουν την δυνατότητα να ηρεμούν την ανθρώπινη φύση. Από την άλλη, το κόκκινο και το πορτοκαλί θεωρούνται χρώματα διεγερτικά που διεγείρουν τον οργανισμό και αυτός αντιδρά αναλόγως. Όλες αυτές οι φυσιολογικές επιδράσεις του χρώματος, είναι πολύ σημαντικές και χρήσιμες για **το προσωπικό που εργάζεται στα νοσηλευτικά ιδρύματα**[24]. Πολύ συχνά τα ψυχρά χρώματα χρησιμοποιούνται σε θαλάμους ασθενών που έχουν ανάγκη από ηρεμία, όπως το μπλε με το οποίο βάφονται τα οδοντιατρεία για να κάμψουν τους φόβους των επισκεπτών. Επίσης το ροζ που έχει κι αυτό την δυνατότητα να ηρεμεί τον ανθρώπινο οργανισμό, χρησιμοποιείται σε θαλάμους με ασθενείς που έχουν τάσεις επιθετικότητας.

Εκτός από τον χώρο της υγείας, η άμεση ψυχολογική επίδραση που οφείλεται στις φυσιολογικές επιδράσεις του χρώματος, ενδιαφέρει και τον **επιχειρηματία χώρων διασκέδασης** . Για παράδειγμα, το κόκκινο χρώμα λόγω ότι είναι διεγερτικό, χρησιμοποιείται στους τοίχους των Καζίνο για να δημιουργεί στους πελάτες ένταση και να τους παρακινεί σε ενασχόληση με τυχερά παιχνίδια και επένδυση μεγάλων ποσών.

---

[21] Το κόκκινο χρώμα δεν προκαλεί επιθετικότητα μόνο στον άνθρωπο αλλά και σε κάποια ζώα. Ένα παράδειγμα είναι στις ταυρομαχίες όπου ο ταύρος στην θέα του κόκκινου πανιού επιτίθεται στον ταυρομάχο
[22] Λούσερ, Μ:...,σελ. 66 – 70
[23] Σύμφωνα με τον, το συναισθηματικό περιεχόμενο του πράσινου χρώματος είναι η περηφάνια: Λούσερ, Μ.:...,σελ. 70
[24] Grossman, R. / Wisenblit, J., What We Know About Consumers' Color Choices, Journal of Marketing Practice: Applied Marketing Science, Volume 5, Number 3, New Jersey 1999, σελ. 78 –88

Μια άλλη χρήση της επίδρασης του χρώματος είναι στον χώρο του **λιανεμπορίου**. Πραγματοποιήθηκε μια έρευνα από τον **Bellizi**[25] για την επίδραση του χρώματος σε καταναλωτές λιανεμπορικών επιχειρήσεων. Για την έρευνα ελήφθη υπόψη το χρώμα φόντου[26] (background) μιας φωτογραφίας καταστήματος επίπλων και μετρήθηκαν οι αντιλήψεις[27] των καταναλωτών για το κατάστημα. Τα αποτελέσματα έδειξαν ότι **τα θερμά χρώματα σαν το κόκκινο και το κίτρινο ήταν περισσότερο διεγερτικά ενώ τα ψυχρά χρώματα σαν το μπλε και το πράσινο προκαλούσαν ψυχική γαλήνη**.

Μέσα από αυτή ανάλυση συμπεραίνουμε ότι η Άμεση Ψυχολογική Επίδραση έχει επιστημονική βάση και η χρήση της ίσως βοηθήσει πολλές επιχειρήσεις να αυξήσουν τα κέρδη τους με ελάχιστο κόστος.

1.1.3 ΕΜΜΕΣΗ ΨΥΧΟΛΟΓΙΚΗ ΕΠΙΔΡΑΣΗ

Η έμμεση ψυχολογική επίδραση δημιουργείται λόγω των **συνειρμικών συσχετίσεων χρωμάτων με συγκεκριμένες εικόνες που βρίσκονται στην συνείδηση μας ή ακόμη και υποσυνείδητα**. Η επίδραση είναι υποκειμενική και το αποτέλεσμα αυτής είναι σε άμεση συνάρτηση με την εικόνα που υπάρχει στο μυαλό μας.

Για παράδειγμα λόγω ότι το μπλε μοιάζει με το χρώμα του θαλασσινού νερού, σε κάποιον μπορεί να προκαλεί αίσθημα δροσιάς και ευτυχίας επειδή συνδυάζει το μπλε με την θάλασσα και την θάλασσα με τις καλοκαιρινές διακοπές του. Κάποιος άλλος όμως ο οποίος δεν ξέρει κολύμπι και φοβάται την θάλασσα, ίσως βλέποντας το μπλε αισθανθεί φόβο και απέχθεια. **Η σύγχρονη πρακτική του Marketing προσπαθώντας να μεταφράσει τον συμβολισμό του μπλε, το χρησιμοποιεί σε ρούχα ή παπούτσια καλοκαιρινής περιόδου** .

---

[25] Bellizi, J. / Crowley, A. / Hasty, R., Journal of Retailing 59, The effects of color in store design, Massachusetts 1983, σελ. 21-45
[26] Επειδή η διαφημιστική γλώσσα αρέσκεται στην χρησιμοποίηση αγγλόφωνων εκφράσεων, τις περισσότερες φορές χρησιμοποιείται η λέξη background αντι της Ελληνικής φόντο. Όσο για τις παραξενιές της διαφημιστικής γλώσσας μπορείτε να διαβάσετε Γκόμπλιας, Κ., Διαφημίζοντας, Αθήνα 1991, σελ. 241 - 246
[27] Σιωμκος Γ., Συμπεριφορά Καταναλωτή & Στρατηγική Μαρκετινγκ, Αθήνα 1994, σελ.91 – 116

Ακόμα πιο συχνά, η έμμεση ψυχολογική επίδραση γίνεται πιο αισθητή σε **ανθρώπους διαφορετικών πολιτισμών**[28] για τους οποίους το ίδιο χρώμα μπορεί να έχει εντελώς διαφορετικές σημασίες. Για παράδειγμα στην Δύση, το πράσινο συμβολίζει την ελπίδα, το λευκό την αγνότητα, το μαύρο το πένθος, το κόκκινο την αγάπη και το κίτρινο το μίσος. Στην Κίνα, το λευκό σχετίζεται με την δικαιοσύνη και το κίτρινο με την εμπιστοσύνη. Στην Ινδία το μαύρο συνδέεται με την ηλιθιότητα ενώ το κόκκινο με την φιλοδοξία[29].

Η έμμεση επίδραση του χρώματος είναι υποκειμενική και μαθαίνεται, δηλαδή όταν μεσολαβήσουν κάποιοι συγκεκριμένοι παράγοντες μπορεί να διαμορφωθεί διαφορετικά. Σύμφωνα με έρευνα που πραγματοποιήθηκε από τον **Walsh**[30], οι προσωπικές προτιμήσεις χρώματος των παιδιών άλλαξαν όταν τους παρουσίασαν δώρο σε κουτί συγκεκριμένου χρώματος[31]. Σε αυτή την έρευνα παρατηρήθηκε ότι το χρώμα που ήταν λιγότερο αρεστό, βρέθηκε να είναι πρώτο σε προτίμηση επειδή παρουσιάστηκε σε ένα κουτί δώρου. Μια άλλη έρευνα του **Kreitler**[32] το 1956, έδειξε ότι το 86% των Ισραηλινών μισούσε το κίτρινο επειδή το συνδέανε με τους Ναζί και το μπλε, ως χρώμα της σημαίας τους, συμβόλιζε γι αυτούς την ελπίδα. Όταν το ίδιο πείραμα επαναλήφθηκε το 1960 σε μία άλλη γενιά Ισραηλινών, το 41% από αυτούς ανέφερε ότι τους άρεσε το κίτρινο χρώμα επειδή το συσχέτιζαν με μια αναγέννηση της ερήμου στο Ισραήλ. Επίσης μόνο το 3% από αυτούς θεωρούσε το μπλε, χρώμα της ελπίδας.

Η συνειρμική σύνδεση του χρώματος με την εικόνα δίνει «τροφή» στο Marketing για νέες εξελίξεις στον χώρο της συσκευασίας[33]. Το στοίχημα λοιπόν είναι να βρεθούν αυτοί οι καταναλωτικοί συνειρμοί και να μεταφραστούν σε χρώματα που θα προσελκύσουν τους καταναλωτές. Η εταιρία Pentel που κατασκευάζει σχολικά είδη ανακάλυψε ότι το κόκκινο και το πράσινο δεν πούλαγαν

---

[28] Πολλά προϊόντα που εξάχθηκαν σε ξένες χώρες απέτυχαν επειδή δεν έλαβαν υπόψη αυτόν τον παράγοντα

[29] Πανηγυράκης, Γ., Διεθνές Εξαγωγικό Marketing , Τόμος Ι, Αθήνα 1999, σελ. 153 – 154

[30] Walsh, L.M. / Toma, R.B. / Tuveson, R.V. / Sondhi, L., Color preference and food choice among children, Journal of Psychology, number 124, Illinois 1990,σελ. 645-653

[31] Από την συγκεκριμένη εφαρμογή μπορούν να ωφεληθούν τα καταστήματα με είδη δώρων

[32] Ένα από τα πιο γνωστά και ενδιαφέροντα βιβλία του συγγραφέα που αξίζει ο κόπος να διαβάσετε είναι: Kreitler, H., Kreitler, S., Psychology of the Arts, Durham 1972

[33] Grossman, R. / Wisenblit, J., What We Know About Consumers' Color Choices, Journal of Marketing, Practice: Applied Marketing Science, Volume 5, Number 3, New Jersey 1999, σελ. 78-88

ιδιαίτερα, επειδή τα ίδια χρώματα χρησιμοποιούνται από τους δασκάλους για την βαθμολόγηση των γραπτών και γι αυτό είχαν αρνητική απήχηση στους μαθητές[34].

Μια άλλη πρακτική της έμμεσης ψυχολογικής επίδρασης, είναι **μια εταιρία να δημιουργήσει εικόνα για το προϊόν επιλέγοντας το κατάλληλο χρώμα**. Ένα παράδειγμα από την Ελληνική πραγματικότητα είναι η ποδοσφαιρική ομάδα της ΑΕΚ (ως εμπορική επιχείρηση) που χρησιμοποίησε το κίτρινο χρώμα στο έμβλημα της γιατί περιεχόταν στη σημαία του Βυζαντίου. Δημιούργησε λοιπόν μια συνειρμική σχέση στους Έλληνες της εποχής μεταξύ Βυζαντινής δόξας και της ποδοσφαιρικής ομάδας. Ο συνειρμός ήταν σωστός και χρονικά γιατί η ίδρυση της ΑΕΚ συνέπεσε με μεταπολεμική περίοδο, οπότε οι τότε καταναλωτές (φίλαθλοι) αγόραζαν ελπίδα και όχι εισιτήριο γηπέδου!

Μέσα από όλα αυτά, συμπεραίνουμε ότι η έμμεση ψυχολογική επίδραση αν και είναι δυσκολότερα μετρήσιμη λόγω της υποκειμενικότητας της, έχει αρκετά στοιχεία που συμβάλλουν στην εμπορική ανάπτυξη των προϊόντων.

1.2 ΧΡΩΜΑ ΚΑΙ ΠΡΟΪΟΝ

Σε αυτό το σημείο θα επιχειρήσουμε μια θεωρητική προσέγγιση που αφορά την σχέση χρώματος και προϊόντων[35] .Αρχικά θα βασιστούμε σε θεωρίες συμπεριφοράς καταναλωτή[36] και συγκεκριμένα στην θεωρία της μάθησης μέσω συνδέσεων, για να δείξουμε την σύνδεση χρώματος και προϊόντος. Δηλαδή ποια είναι η ψυχολογική βάση στην οποία στηρίχθηκε η διαφημιστική κοινότητα για να συνδέσει το προϊόν με το χρώμα.

Αφού αποδείξουμε την σύνδεση προϊόντος και χρώματος, θα δούμε ποιος είναι ο ρόλος του χρώματος στις προτιμήσεις των καταναλωτών και πως αυτό επηρεάζει τις επιχειρήσεις. Τέλος θα εξετάσουμε τον ρόλο του χρώματος στις προτιμήσεις προϊόντων υψηλής ανάμιξης σε σχέση με τα προϊόντα χαμηλής ανάμιξης.

---

[34] Έρευνα που πραγματοποιήθηκε από τον Rouland, R., What Color are your school supplies?, 1993
[35] Grossman, R. / Wisenblit, J., What We Know About Consumers' Color Choices, Journal of Marketing Practice: Applied Marketing Science, Volume 5, Number 3, New Jersey 1999, σελ. 78 –88
[36] ιώμκος Γ., Συμπεριφορά Καταναλωτή & Στρατηγική Μάρκετινγκ, Αθήνα – Πειραιάς 1994, σελ. 23 - 27

1.2.1 ΣΥΝΔΕΣΗ ΠΡΟΪΟΝΤΩΝ ΜΕ ΤΟ ΧΡΩΜΑ

Προκειμένου να κατανοήσουμε την σχέση χρώματος με τα προϊόντα, θα ανατρέξουμε στην **θεωρία της μάθησης μέσω σύνδεσης (associative learning)**[37] η οποία μπορεί να εξηγήσει την αντίδραση του καταναλωτή στο χρώμα του προϊόντος Η έννοια της σύνδεσης μέσω μάθησης αφορά όταν τα άτομα κάνουν συνδέσεις μεταξύ των διαφόρων γεγονότων που γίνονται στο περιβάλλον. Επειδή μια σύνδεση δεν είναι δυνατόν να γίνει από μόνη της, ο μηχανισμός που χρησιμοποιείται για να εξηγήσει την σύνδεση είναι η **κλασσική σύνδεση (classical conditioning)**[38].

Σύμφωνα λοιπόν με την κλασσική σύνδεση: **όταν ένα ασύνδετο ερέθισμα και ένα ουδέτερο ερέθισμα ενώνονται, τότε με την δύναμη της επανάληψης προκαλείται συνδεδεμένη αντίδραση**. Στην περίφημη έρευνα του Pavlov[39] το ασύνδετο ερέθισμα ήταν η παρουσία του φαγητού, το ουδέτερο ερέθισμα ο ήχος από ένα κουδούνι και η συνδεδεμένη αντίδραση που δημιουργήθηκε ήταν όταν ο σκύλος[40] που άκουσε το κουδούνι άρχισε να εκκρίνει σάλιο.

Το πείραμα αυτό μπορεί να συνδεθεί με προϊόντα όταν στην θέση του ασύνδετου ερεθίσματος υπάρχει ένα προϊόν και στην θέση του ουδέτερου ερεθίσματος μια ευχάριστη ή δυσάρεστη εικόνα. Αν υποθέσουμε ότι το ασύνδετο ερέθισμα είναι ένα κουτί τσιγάρα Marlboro και το ουδέτερο ερέθισμα η εικόνα του Καουμπόϋ τότε η σύνδεση τους με την βοήθεια της επανάληψης δημιουργεί ένα συνδεδεμένο ερέθισμα και αυτό στην συνδεδεμένη αντίδραση που είναι το άναμμα τσιγάρου. Το παρακάτω σχήμα απεικονίζει την σύνδεση ερεθισμάτων και την αντίδραση που προκαλείται από αυτά:

---

[37] Σιώμκος, Γ., Συμπεριφορά Καταναλωτή & Στρατηγική Μάρκετινγκ, Αθήνα – Πειραιάς 1994, σελ. 82
[38] Grossman, R. / Wisenblit, J., What We Know About Consumers' Color Choices, Journal of Marketing Practice: Applied Marketing Science, Volume 5, Number 3, New Jersey 1999, σελ. 78 –88
[39] Νασιάκου, Μ. / Μαράτου, Ο. / Ναυρίδης, Κ. / Δραγώνα, Θ. / Τέττερη Ι., Ψυχολογία Β΄ Τάξη Γενικού Λυκείου, Αθήνα 1995, σελ. 84 – 85
[40] Από το πείραμα του Pavlov και τον σκύλο που συμμετείχε, πήρε το όνομα του το περίφημο συγκρότημα Pavlov's Dog που έκανε επιτυχία με το κομμάτι Julia από το album Pampered Menial (Columbia Music – 1976)

Ασύνδετο Ερέθισμα (Marlboro)			
Ουδέτερο Ερέθισμα (Καουμποΰ)	→	Συνδεδεμένο Ερέθισμα	→ Συνδεδεμένη Αντίδραση (Άναμμα Τσιγάρου)

Εφαρμογή της θεωρίας του Pavlov στα προϊόντα

Επίσης η θεωρία της μάθησης μέσω σύνδεσης, χρησιμοποιήθηκε για να αλλάξει τις επιλογές χρώματος για συγκεκριμένα προϊόντα .Ο **Gorn**[41] σύνδεσε στυλό χρώματος μπλε και μπεζ με ευχάριστη και δυσάρεστη μουσική[42]. Τα άτομα που συμμετείχαν στην έρευνα έπρεπε να διαλέξουν μεταξύ των μπεζ ή των μπλε στυλό και οι εικόνες των στυλό συνοδεύονταν από ευχάριστη ή δυσάρεστη μουσική. Τα αποτέλεσμα ήταν διαλέξουν το χρώμα από στυλό που συνοδευόταν με ευχάριστη μουσική. Σε αυτή την έρευνα το ασύνδετο ερέθισμα ήταν το χρωματιστό στυλό και το ουδέτερο ερέθισμα, η ευχάριστη ή δυσάρεστη μουσική[43]. Το ίδιο περίπου πείραμα έκανε ο **Bierley**[44] που θέλησε να προκαλέσει συγκεκριμένες αντιδράσεις σε χρώματα χρησιμοποιώντας την μουσική από την ταινία Star Wars[45].

Πολλοί καταναλωτές έχουν αγαπημένα χρώματα για προϊόντα, ένα φαινόμενο που ίσως σχετίζεται με ένα ουδέτερο ερέθισμα που έχουν προσθέσει οι άνθρωποι της διαφήμισης. Πάντως υπάρχουν διάφοροι παράγοντες που έχει ο καθένας τον δικό του ρόλο στο θέμα αυτό και δεν μπορούμε να το περιορίσουμε στην θεωρία που αναφέραμε, απλά η θεωρία της μάθησης μέσω σύνδεσης είναι μια τεκμηριωμένη αξιολόγηση της σύνδεσης χρώματος και προϊόντος.

---

[41] Gorn, G.J., The Effects Of Music In Advertising On Choice Behavior : A Classical Conditioning Approach, Journal of Marketing, 46, Νέα Υόρκη 1982, σελ. 94-101
[42] Η μουσική εδώ παίζει τον ρόλο του ουδέτερου ερεθίσματος
[43] Η μουσική είναι ένα από τα σημαντικότερα στοιχεία της Ελληνικής Διαφήμισης όπως διαβάζουμε στο άρθρο: Σκορδίλης, Γ., Ήχος και Μουσική στη Διαφήμιση, Marketing Week, τεύχος 898 / 2001, σελ. 50 - 61
[44] Bierley C., Classical Conditioning Of Preferences For Stimuli, Journal of Consumer Research, 12, Νέα Υόρκη 1985, σελ. 316-323
[45] Η ταινία STAR WARS προβλήθηκε στην Ελλάδα με τον τίτλο Ο Πόλεμος Των Άστρων και θεωρείται από τις μεγαλύτερες εισπρακτικές επιτυχίες

Διάφορες έρευνες χρώματος[46] έχουν δείξει ότι **οι καταναλωτές μπορεί να έχουν διαφορετικά αγαπημένα χρώματα από τα χρώματα που προτιμούν για τα προϊόντα που αγοράζουν.** Μια έρευνα που έγινε από την εταιρία **Pantone** ανακάλυψε ότι τα πιο δημοφιλή χρώματα για τα ρούχα ήταν το μπλε, κόκκινο και μαύρο, με το μαύρο το πιο δημοφιλές για τα φορέματα. Τα αυτοκίνητα προτιμούνται σε μπλε, γκρι, κόκκινο, άσπρο και μαύρο, ενώ το μπεζ προτιμάται για χαλιά και έπιπλα. Το 1984 στην έρευνα των **Holmes** και **Buchanan[47]**, τα άτομα ερωτήθηκαν να αναφέρουν το αγαπημένο τους χρώμα γενικά και μετά το αγαπημένο τους χρώμα για προϊόντα όπως αυτοκίνητα, ρούχα και έπιπλα. Ανακάλυψαν λοιπόν ότι η προσωπική προτίμηση χρώματος είναι ανεξάρτητος παράγοντας για την αγορά προϊόντος συγκεκριμένου χρώματος.

Το νόημα κάθε χρώματος είναι άλλος ένας παράγοντας που επηρεάζει τις προτιμήσεις των καταναλωτών για το χρώμα στα προϊόντα. Για να γίνω περισσότερο κατανοητός θα αναφέρω συγκεκριμένα παραδείγματα. Οι βιταμίνες μάρκας **Pharmavite's Nature Made**, συσκευάστηκαν σε ένα μαύρο κουτί με άσπρα γράμματα . Έπειτα από μια σειρά προσωπικών συνεντεύξεων που έγιναν σε συγκεκριμένο δείγμα του κοινού – στόχος, αποκαλύφθηκε ότι οι καταναλωτές παρερμήνευαν τις βιταμίνες για δηλητήριο επειδή στον Δυτικό Πολιτισμό το μαύρο σχετίζεται με το δηλητήριο. Για να αντιμετωπιστεί αυτό το θέμα, μετέτρεψαν την συσκευασία σε χρώματα μπεζ και καφέ. Όμως τα 2 «απαγορευμένα» χρώματα για τις βιταμίνες, χρησιμοποιήθηκαν επιτυχημένα στο άρωμα **Drakkar Noir** και κατασκευάστηκε ένα μαύρο μπουκάλι με άσπρα γράμματα. Στην περίπτωση του αρώματος, τα 2 χρώματα συμβολίζουν ισχύς και μυϊκή δύναμη που είναι τα επιθυμητά χαρακτηριστικά του προϊόντος από τον καταναλωτή.

Οι χρωματικές προτιμήσεις των καταναλωτών **μπορούν να οδηγήσουν το χρώμα σε εργαλείο διαφοροποίησης του προϊόντος.** Επειδή ως γνωστών το κόκκινο χρησιμοποιείται σε διάφορα αναψυκτικά., η εταιρία **Pepsi** αποφάσισε να δημιουργήσει μια στρατηγική γύρω από το χρώμα μπλε .Δηλαδή με το χρώμα μπλε,

---

[46] Λουσερ, Μ.:...σελ. 17 – 195
[47] Holmes, C.B. / Buchanan, J., Color Preference As A Function Of The Object Described, Bulletin Of The Psychonomic Society, Austin 1984

το προϊόν ξεφεύγει από την τυποποίηση και διαφοροποιεί τον εαυτό του από τους υπόλοιπους ανταγωνιστές στο ράφι.

Επειδή είναι δύσκολο να κατευθύνεις τις χρωματικές επιλογές του καταναλωτή , οι άνθρωποι του Marketing πρέπει να ακολουθήσουν μια διαφορετική στρατηγική: **Μπορούν να δημιουργήσουν νέους χρωματικούς συνειρμούς βασισμένους στην θεωρία της μάθησης μέσω σύνδεσης**[48]. Συγκεκριμένα είναι πιο εύκολο να αναπτύξουν συνειρμούς για συνδεδεμένα ερεθίσματα που είναι όχι τόσο οικεία στους καταναλωτές παρά για ήδη γνωστά ερεθίσματα.

Επίσης **είναι ευκολότερο να δημιουργήσουν χρωματικούς συνειρμούς για ένα νέο προϊόν, παρά για ήδη γνωστά προϊόντα**[49] όπου ο συνειρμός απαιτεί μεγάλη προσπάθεια για να διαφοροποιηθεί. Τα ήδη γνωστά προϊόντα, μπορούν να χρησιμοποιήσουν την δύναμη της επανάληψης η οποία θα ενδυναμώσει τη σχέση μεταξύ των 2 ερεθισμάτων (συνδεδεμένο και ουδέτερο) ώστε να οδηγήσει στην συνδεδεμένη αντίδραση.

Τέλος, **είναι ευκολότερη η σύνδεση δυο ερεθισμάτων όταν αυτά μοιάζουν μεταξύ τους** .Για παράδειγμα, το μπλε που είναι το χρώμα της ηρεμίας, είναι πιο εύκολο να συνδεθεί με μια εταιρία που προσφέρει μασάζ παρά με μια εταιρία βιντεοπαιχνιδιών!

1.2.3 ΧΡΩΜΑ ΚΑΙ ΘΕΩΡΙΑ ΑΝΑΜΙΞΗΣ

Σύμφωνα με την **θεωρία της ανάμιξης**[50], ο καταναλωτής ακολουθεί περιορισμένη επεξεργασία πληροφοριών σε περιπτώσεις αγοράς προϊόντων μικρής ανάμιξης ή σχετικότητας για αυτόν. Από την άλλη, ο καταναλωτής ακολουθεί λεπτομερέστερη επεξεργασία πληροφοριών σε περιπτώσεις αγοράς προϊόντων μεγάλης σχετικότητας ή ανάμιξης. Η ανάμιξη είναι ιδιαίτερα σημαντική στην θεωρία συμπεριφοράς καταναλωτή, επειδή η διαμόρφωση αγοραστικής απόφασης, διαφέρει ανάμεσα στα προϊόντα υψηλής και χαμηλής ανάμιξης.

[48] Σιωμκος, Γ., Συμπεριφορά Καταναλωτή & Στρατηγική Μάρκετινγκ, Αθήνα - Πειραιάς 1994, σελ. 82
[49] Grossman, R. / Wisenblit, J., What We Know About Consumers' Color Choices, Journal of Marketing Practice: Applied Marketing Science, Volume 5, Number 3, New Jersey 1999, σελ. 78- 88
[50] Σιώμκος, Γ.,:…σελ. 65-84

Στο **επίπεδο υψηλής ανάμιξης**, υπάρχουν διάφοροι παράγοντες που παίζουν ρόλο, όπως η συγκινησιακή έφεση, η σημαντικότητα του προϊόντος για την αυτοαναγνώριση του καταναλωτή, κ.α. Τα προϊόντα υψηλής ανάμιξης έχουν μεγαλύτερο οικονομικό ρίσκο, κοινωνική αποδοχή, για τον καταναλωτή.

Στο **επίπεδο χαμηλής ανάμιξης**, η απόφαση αγοράς γίνεται σχεδόν αυτομάτως. Από την στιγμή που το ρίσκο δεν είναι μεγάλο, κάποιοι απλοί παράγοντες μπορούν να επηρεάσουν την απόφαση αγοράς βασιζόμενοι σε λίγες πληροφορίες[51].

Το **χρώμα** που θεωρείται ως ασήμαντος παράγοντας, **μπορεί να παίξει μεγαλύτερο ρόλο στην χαμηλή σε σχέση με την υψηλής ανάμιξης αγοραστική απόφαση**, κυρίως σε προϊόντα που δεν διαφοροποιούνται σημαντικά μεταξύ τους. Ο **Middlestadt**[52] έκανε ένα πείραμα και ανακάλυψε ότι οι καταναλωτές που εκτίθονταν σε μια εικόνα στυλό (προϊόν χαμηλής ανάμιξης) πλημμυρισμένη με μπλε φως, την προτιμούσαν περισσότερο από την ίδια εικόνα με κόκκινο φως. Ενώ με ένα άρωμα (προϊόν υψηλής ανάμιξης) στις ίδιες συνθήκες, τα 2 χρώματα δεν έπαιξαν κανέναν ρόλο.

Σε έρευνα των **Holmes** και **Buchanan**[53] βρέθηκε ότι δεν υπάρχει σχέση μεταξύ αγαπημένου χρώματος και χρωματικών επιλογών για διάφορα προϊόντα όπως ρούχα, αυτοκίνητα, έπιπλα. Τα προϊόντα αυτά είναι υψηλής ανάμιξης και δεν φαίνεται να επηρεάζονται από τις χρωματικές προτιμήσεις. Μια άλλη έρευνα του **Walsh**[54] αποκαλύπτει ότι η χρωματική προτίμηση επηρέασε σημαντικά τις προτιμήσεις των παιδιών για καραμέλες[55] που είναι προϊόντα χαμηλής ανάμιξης.

---

[51] Kardes, F.R. , Spontaneous Inference Process In Advertising: The Effects Of Conclusion Omission And Involvement Of Persuasion, Journal Of Consumer Research, Chicago 1988, σελ. 225 –233
[52] Middlestadt, S.E., The Effect Of Background And Ambient Color On Product Attitudes And Beliefs, Advances In Consumer Research, Illinois 1990, σελ. 244 – 249
[53] Holmes, C.B. / Buchanan, J., Color Preference As A Function Of The Object Described, Bulletin Of The Psychonomic Society, Austin 1984, σελ. 423 – 425
[54] Walsh, L.M. / Tuveson, R. / Sondhi, L., Color Preference And Food Choice Among Children, Journal Of Psychology, Illinois 1990, σελ. 645-653
[55] Επειδή οι καραμέλες είναι προϊόν ευρείας κατανάλωσης, ο καταναλωτής δεν αφιερώνει αρκετό χρόνο στην αγοραστική του απόφαση

1.3 ΕΠΙΔΡΑΣΗ ΒΑΣΙΚΩΝ ΧΡΩΜΑΤΩΝ

Σύμφωνα με την θεωρία των χρωμάτων, υπάρχει ο χρωματικός κύκλος του Isaak Newton ο οποίος δημιουργήθηκε το 1666 και είναι η πρώτη διαγραμματική απεικόνιση των χρωμάτων. Ο κύκλος βασίζεται στο κόκκινο, το κίτρινο και το μπλε τα οποία λέγονται βασικά χρώματα γιατί από τις αναμίξεις τους μπορούμε να πάρουμε όλα τα άλλα χρώματα, ενώ αυτά τα 3 δεν μπορούν να φτιαχτούν από αναμείξεις κανενός άλλου χρώματος.

Μετά την ανάλυση της επίδρασης του χρώματος γενικότερα, θα εμβαθύνουμε ακόμα περισσότερο και θα αναλύσουμε την επίδραση των 3 βασικών χρωμάτων, **κόκκινο – κίτρινο – μπλε**, στην ανθρώπινη ψυχολογία. Ο λόγος επιλογής των 3 χρωμάτων γίνεται γιατί ανάλογα με την ένταση, τον τόνο και την απόχρωση κάθε χρώματος, μπορούμε να δημιουργήσουμε εκατοντάδες χρώματα και θα ήταν αδύνατη η εξέταση της επίδρασης του καθενός από αυτά.! Άρα επιλέγουμε τα 3 βασικά που είναι το αντιπροσωπευτικότερο δείγμα από όλο τον πληθυσμό χρωμάτων.

1.3.1 ΜΠΛΕ ΧΡΩΜΑ

Το καθαρό μπλε σαν χρώμα συμβολίζει την **απόλυτη ηρεμία** και η θέα αυτού του χρώματος έχει καραπραυντική επίδραση στο κεντρικό νευρικό σύστημα[56]. Δηλαδή οι σφυγμοί και η αναπνευστική ικανότητα ελαττώνονται, μειώνεται η έκκριση ιδρώτα, η θερμοκρασία σώματος χαμηλώνει, το σώμα επαναπαύεται και ιδιαίτερα σε περιπτώσεις ασθένειας υπάρχει η ανάγκη για αυτό το χρώμα. Η πιο επιδραστική απόχρωση του μπλε, το λεγόμενο καρδιακό μπλε, προκαλεί στο μυαλό την έκκριση 11 ορμονών που επιφέρουν στο σώμα πλήρη ηρεμία. Σε **επίπεδο ψυχολογικό**, το άτομο γίνεται πιο ευαίσθητο και πληγώνεται εύκολα.

Το μπλε είναι τρίτο σε λαμπρότητα από τα βασικά χρώματα και σε συνδυασμό με το άσπρο, μας δίνει το ουρανί, που είναι συμβολικά το χρώμα το νεογέννητο αγοριού. **Ο συμβολισμός αυτός, είναι κατάλληλος για προϊόντα που απευθύνονται σε νεογέννητα αγόρια όπως είναι οι πάνες, παιδικά ρούχα**, κτλ.

---

[56] Τα νεύρα και οι ίνες με τα οποία ελέγχεται το σώμα χωρίζονται σε 2 είδη νευρικών συστημάτων, το αυτόνομο νευρικό σύστημα και το κεντρικό νευρικό σύστημα.

Το μπλε επίσης σημαίνει πιστότητα και θα ήταν αρκετά πρακτικό όταν φοριέται στην διαδικασία της **συνέντευξης**[57] για εξεύρεση εργασίας , **ίσως δώσει στον εργοδότη μια ισορροπημένη αντίληψη για τον υποψήφιο**.

Το μπλε ανήκει στα ψυχρά χρώματα και έχει την τάση να χαμηλώνει την θερμοκρασία δωματίου, οπότε δίνει μια **αίσθηση ψύχους** η οποία άνετα **μπορεί να χρησιμοποιηθεί για καταστήματα που έχουν είδη σκι**.

Επίσης λόγω της ηρεμίας που προσφέρει το μπλε θεωρείται **το χρώμα της επικοινωνίας**[58] και διδασκαλίας, ίσως μάλιστα είναι το κατάλληλο χρώμα για αίθουσες σεμιναρίων, τάξεις σχολείων και γενικά χώρους που χρειάζεται η ησυχία.

Η κυριότερη και πιο γνωστή χρήση του μπλε χρώματος είναι η ιδιότητα του **κάνει τους ανθρώπους να τρώνε λιγότερο**. Στην φύση δεν υπάρχουν μπλε λαχανικά ή άλλα είδη φαγητού, οπότε το μπλε χρώμα δημιουργεί στους ανθρώπους μια αποτροπή για το φαγητό και μάλιστα τους δίνει την ψευδαίσθηση ότι ίσως αυτό είναι δηλητηριασμένο. Αυτή η ιδιότητα του μπλε χρησιμοποιείται κατά κόρον από διαιτολόγους ή ινστιτούτα αδυνατίσματος για να μειώσουν την κατανάλωση φαγητού στους πελάτες τους. Μερικές από τις πρακτικές είναι οι τοίχοι του ινστιτούτου να είναι βαμμένοι μπλε, τα πιάτα που σε υποχρεώνουν να έχεις θα είναι βαμμένα μπλε, ή στο ψυγείο σου να χρησιμοποιήσεις μπλε φωτισμό.

Βέβαια υπάρχει και η αντίθετη άποψη, όπου **το μπλε χρώμα έχει χρησιμοποιηθεί για είδη διατροφής**. Πριν αρκετά χρόνια οι κατασκευαστές των Αμερικάνικων γλυκισμάτων m& m's που αποτελούνται από σοκολατένια γλυκίσματα διαφορετικών χρωμάτων[59], πρόσθεσαν το χρώμα μπλε στα γλυκίσματα αυτά. Σύμφωνα με τα λεγόμενα τους, η απόφαση αυτή ήρθε μετά από ψηφοφορία των καταναλωτών.

---

[57] Ζευγαριάδης, Σπ. / Σταματιάδης, Γ., Διοίκηση & Εποπτεία Προσωπικού, Αθήνα 1997, σελ. 168 – 171
[58] Μια ενδιαφέρουσα στρατηγική για την επικοινωνία υπάρχει στο βιβλίο: Φραγκομίχαλος, Κ., Στρατηγική Επικοινωνίας – Η Τέχνη Και Η Τεχνική Του Γραπτού Και Προφορικού Λόγου, , Αθήνα 1999, σελ. 31 – 97
[59] Οι εταιρίες που ασχολούνται με προϊόντα που απευθύνονται σε παιδιά και έφηβους, χρησιμοποιούν πολλά και έντονα χρώματα στις συσκευασίες τους

Μια άλλη περίπτωση αφορά την εταιρία Frito Lay που εισήγαγε στην αγορά ένα νέο είδος από γαριδάκια **Cheetos**. Το περίεργο με τα γαριδάκια[60] δεν ήταν το χρώμα τους αλλά ότι όταν μασηθούν χρωματίζουν την γλώσσα με ένα μπλε χρώμα και δημιουργούν μια αίσθηση διασκέδασης στον καταναλωτή[61].

1.3.2 ΧΡΩΜΑ ΚΟΚΚΙΝΟ

Το **κόκκινο** χρώμα έχει κάποιες συγκεκριμένες ιδιότητες που επηρεάζουν τον ανθρώπινο οργανισμό και την ανθρώπινη ψυχολογία. Όταν κάποιος εκτίθεται στην θέα κόκκινου χρώματος, μέσα σε λίγα δευτερόλεπτα ένας φλεγμονώδης αδένας επικοινωνεί με τον αδένα αδρεναλίνης και ελευθερώνεται **αδρεναλίνη**. Η αδρεναλίνη κυλάει μέσα στο αίμα και προκαλεί διάφορες μορφές αντίδρασης, οι οποίες μπορεί να αργήσουν από μερικά λεπτά μέχρι κάποιες ώρες ανάλογα με την Homeostasis[62]κάθε ατόμου. Επιταχύνει τους σφυγμούς , ανεβάζει την πίεση και την ταχύτητα της ροής του αίματος και αυξάνει τον ρυθμό αναπνοής. **Σε επίπεδο αισθήσεων**, αυξάνεται η δυνατότητα της γεύσης και της όσφρησης.

Επίσης λόγω της **έκφρασης νευρικής δραστηριότητας** έχει την σημασία της επιθυμίας, κάθε πόθου και όρεξης, της σεξουαλικότητας[63], του έντονου πάθους για οτιδήποτε προσφέρει ένταση ζωής. **Σε χρονικό επίπεδο**, προκαλεί απώλεια της αίσθησης του χρόνου. Ακόμα είναι η επιβουλή και δύναμη της βούλησης σε αντίθεση με το πράσινο που είναι η ελαστικότητα της βούλησης. Κάθε μορφής εξάντληση, είτε είναι νευρική είτε σωματική, συνοδεύεται από την έλλειψη του κόκκινου σύμφωνα με το Χρωμο - Τεστ του Δρ. Μαξ Λούσερ[64]. Ο άνθρωπος αισθάνεται περικυκλωμένος από άλυτα προβλήματα , νιώθει την απειλή γύρω του και ζητάει προστασία από οτιδήποτε μπορεί να εξασθενίσει τον πόνο του. Αυτό σημαίνει ότι το κόκκινο είναι το χρώμα που τον κουράζει και εξασθενεί περισσότερο.

---

[60] Την άμεση παρέμβαση του εισαγγελέα προκάλεσε Ελληνική διαφήμιση από γαριδάκια γιατί περιείχε σεξουαλικά υπονοούμενα και απευθυνόταν σε παιδιά - http://archive.enet.gr/1999/09/21/on-line/keimena/greece/greece8.htm
[61] Το μπλε χρώμα στην γλώσσα δεν ήταν επιβλαβές για τους καταναλωτές
[62] Είναι η διαδικασία όπου το εσωτερικό σύστημα του σώματος παραμένει σε ισορροπια ανεξάρτητα από την έκθεση σε εξωτερικά ερεθίσματα.
[63] Η ανθρώπινη σεξουαλικότητα στηρίζεται στην θεωρία της Λίμπιντο όπως αναφέρεται στο βιβλίο: Φρόυντ, Σ., Τρεις Μελέτες Για Τη Θεωρία Της Σεξουαλικότητας, Αθήνα 1978, σελ. 100
[64] Λούσερ, Μ.,:...73-75

Όλες αυτές οι επιδράσεις του κόκκινου χρώματος έχουν αντίκτυπο και στον **εμπορικό χώρο** γενικότερα. Επειδή το κόκκινο τραβά την προσοχή και δημιουργεί ένταση, είναι ένα χρώμα που χρησιμοποιείται αρκετά συχνά στον χώρο της συσκευασίας. Στόχος είναι όταν ο καταναλωτής φτάσει στο ράφι του super market, να το προσέξει με την πρώτη ματιά και να του δημιουργήσει **έντονη επιθυμία για την αγορά του**. Βέβαια η υπερβολική χρήση του κόκκινου θα δημιουργήσει μεγάλη ένταση στον καταναλωτή και θα τον απωθήσει από κάθε πρόθεση αγοράς, έτσι **η χρήση του πρέπει να είναι όσο γίνεται διακριτική**. Επίσης λόγω της έντασης αποφεύγεται η χρήση του σε μέσα συγκοινωνίας[65] όπως λεωφορεία και αεροπλάνα.

Η ιδιότητα του κόκκινου να **αυξάνει τις αισθήσεις της όσφρησης και γεύσης**, οδηγεί τους κατασκευαστές να συσκευάζουν προϊόντα ποτού και φαγητού στο χρώμα αυτό κι έτσι να προσεγγίζουν τους καταναλωτές[66]. Επίσης το κόκκινο προτιμάται και για τα εστιατόρια που επιθυμούν αύξηση της όρεξης του πελάτη και μεγαλύτερη κατανάλωση φαγητού.

Η **σεξουαλικότητα** του κόκκινου[67] οδηγεί τους κατασκευαστές ρούχων να το προτιμούν ιδιαίτερα όταν κατασκευάζουν ρούχα νεανικά[68] και θέλουν να τονίσουν μέρη του σώματος που σχετίζονται με την σεξουαλικότητα.

Η **απώλεια του χρόνου** που δημιουργεί το κόκκινο είναι δυνατόν να χρησιμοποιηθεί σε καζίνο και μπαρ, γιατί η παράτασης της παραμονής σε τέτοιους χώρους δημιουργεί προϋποθέσεις για αύξηση του τζίρου.

Στον χώρο της **έντυπης και ηλεκτρονικής διαφήμισης** πρέπει να δίνεται ιδιαίτερη προσοχή στην χρήση του κόκκινου. Επειδή είναι χρώμα έντονο πρέπει να αποφεύγεται η χρήση του σαν χρώμα φόντου και να επιλέγεται σαν προσκείμενο χρώμα.

---

[65] Δεν είναι τυχαίο ότι στο εσωτερικό των βαγονιών του Ελληνικού Μετρό χρησιμοποιούνται απαλά χρώματα όπως το ροζ που μειώνει την ένταση και την επιθετικότητα
[66] Θυμηθείτε το κόκκινο λογότυπο των εστιατορίων Mac Donalds
[67] Στην δεκαετία του ογδόντα, η σεξουαλικότητα του κόκκινου αποδόθηκε με πολύ χιούμορ στην κινηματογραφική ταινία Η Γυναικάρα Με Τα Κόκκινα του σκηνοθέτη Γουάιλντερ Τζιν
[68] Ο χώρος της μόδας χρησιμοποιεί κατά κόρον την ψυχολογία του χρώματος

Η ηλεκτρομαγνητική[69] μεταφορά από το μάτι προς τον εγκέφαλο που ονομάζεται όραση, γίνεται γρηγορότερη με την παρουσία του κίτρινου χρώματος. Το κίτρινο[70] είναι **το πρώτο χρώμα που ξεχωρίζει κάποιος** όταν κοιτά σε ένα αντικείμενο και είναι το πιο πολύπλοκο χρώμα για την αποκωδικοποίηση του από το μυαλό. Επίσης μοιάζει σε αρκετά σημεία με το κόκκινο χρώμα, αλλά επειδή το κόκκινο είναι βαθύτερο και βαρύτερο από το κίτρινο είναι ερεθιστικό ενώ το κίτρινο που είναι ελαφρύ και ανοικτότερο από το κόκκινο , είναι περισσότερο **υποβλητικό** παρά ερεθιστικό. Το κίτρινο αυξάνει την πίεση του αίματος, τους σφυγμούς και τον ρυθμό αναπνοής αλλά είναι λιγότερο σταθερό σε σχέση με το κόκκινο. Τα βασικότερα χαρακτηριστικά του είναι η **φωτεινότητα** , η **αντανακλαστικότητα** και η **λαμπρή ποιότητα** του.

Σε ψυχολογικό επίπεδο το κίτρινο σημαίνει **ξενοιασιά** και **απαλλαγή από περιορισμούς**. Επίσης συμβολίζει την ζεστασιά του ήλιου, το **χαρούμενο πνεύμα** και το φωτοστέφανο γύρω από το Δισκοπότηρο. Η δραστηριότητα του κίτρινου είναι αβέβαιη, αυτό σημαίνει ότι π.χ. το «κίτρινο άτομο» είναι εργασιομανής αλλά αυτή η εργατικότητα είναι ασταθής.[71]

Το κίτρινο θεωρείται το χρώμα που συμβολίζει **το φτηνό,** οπότε μπορεί να τοποθετηθεί σε προϊόντα που θεωρούνται ακριβά. Για παράδειγμα οι εταιρίες που πωλούν σπίτια, μπορούν να φυτέψουν γύρω από αυτό κίτρινα φυτά ώστε να φαίνεται φτηνό όταν έρθει να το δει ο υποψήφιος αγοραστής. Επίσης επειδή το κίτρινο συμβολίζει **χαρούμενο πνεύμα**, η διακριτική διακόσμηση με κίτρινα φυτά θα δώσει μια επιπλέον γεύση χαράς στον αγοραστή.

Παρόλο που το κίτρινο συμβολίζει το χαρούμενο πνεύμα, έχει παρατηρηθεί ότι οι άνθρωποι μέσα σε κίτρινα δωμάτια **χάνουν εύκολα την ψυχραιμία τους και εκνευρίζονται**[72]. Γι αυτό δεν πρέπει να χρησιμοποιείται σε μεγάλες ποσότητες, ιδιαίτερα στον χώρο εργασίας.

---

[69] Σύμφωνα με τον Maxwell (1865) το φως είναι ηλεκτρομαγνητική ακτινοβολία
[70] Στα χρόνια του Μεσαίωνα όταν οι ηθοποιοί των θεατρικών έργων έπρεπε να παίξουν τον ρόλο ενός νεκρού, φορούσαν πάντα κίτρινα.
[71] Λούσερ, Μ.:...σελ. 76
[72] Ακόμα και τα νήπια όταν βρίσκονται μέσα σε κίτρινα δωμάτια, βάζουν τα κλάματα ευκολότερα από

Η **φωτεινότητα** του κίτρινου (όταν αυτό είναι χρώμα τοίχου στο εργασιακό περιβάλλον) σε συνδυασμό με την χρήση οθόνης Η/Υ δημιουργεί στον εργαζόμενο πονοκεφάλους και εξασθενεί την δυνατότητα όρασης. Το αποτέλεσμα είναι ότι μετά από μερικά χρόνια, η τέλεια όραση μας είναι παρελθόν και χρειαζόμαστε γυαλιά. Για λόγους διευκόλυνσης, το κίτρινο μπορεί να χρησιμοποιηθεί διακριτικά στον χώρο εργασίας σε **επιγραφές** που θέλουμε να τονίσουμε το νόημα τους και να γίνει η εργασία μας πιο άνετη. Μια άλλη χρήση της φωτεινότητας του κίτρινου είναι, για ασφάλεια εργασίας[73] στα **κράνη εργατών** που εργάζονται σε σκοτεινούς χώρους εργασίας όπως εργοστάσια, ορυχεία, κτλ.

Η διασημότερη χρήση του κίτρινου είναι στην **διαφήμιση**. Το κίτρινο είναι το πρώτο χρώμα που τραβά την ανθρώπινη προσοχή και γι αυτό μπορεί να χρησιμοποιηθεί στην **υπαίθρια διαφήμιση**[74] και να τραβήξει την προσοχή των περισσότερων πεζών ή οχημάτων που θα περάσουν από το σημείο εκείνο. Το ίδιο ακριβώς ισχύει και στην **έντυπη διαφήμιση**[75] με την προϋπόθεση φυσικά ότι δεν υπάρχουν τριγύρω λαμπερά χρώματα σαν το κόκκινο που θα «κλέψουν την δόξα» της καταχώρησης. Μάλιστα, ο συνδυασμός κίτρινου - μαύρου δίνει μια ακόμα πιο πετυχημένη αντίληψη του χρώματος και δίνει τόνους δυναμικούς και ευχάριστους, θα λέγαμε ότι είναι ο ιδανικότερος συνδυασμός για το κίτρινο.

2. ΕΜΠΟΡΙΚΗ ΧΡΗΣΗ ΤΟΥ ΧΡΩΜΑΤΟΣ

Στο κεφάλαιο αυτό θα μιλήσουμε για την χρήση του χρώματος στο εμπόριο και θα προτείνουμε κάποιες εφαρμογές που ίσως δεν έχουν αγγίξει ακόμα τον σύγχρονο επιχειρηματία.

Το χρώμα όπως τελικά αποδεικνύεται, είναι ένα **ανταγωνιστικό πλεονέκτημα** διότι μπορεί να κάνει το προϊόν να ξεχωρίσει από τα ανταγωνιστικά

τα δωμάτια διαφορετικού χρώματος
[73] Ιορδανίδης, Πρ., / Μπέρος, Π., Υγιεινή και Ασφάλεια Εργαζομένων, Αθήνα 1991, σελ.153
[74] Στην υπαίθρια διαφήμιση το κόστος είναι χαμηλό και η ακτίνα δράσεως της, τοπική
[75] Samson, H., / Price, W., Διαφήμιση – Σχεδιασμός & Τεχνικές, Αθήνα 1997, σελ. 67- 96

και επιπλέον λόγω των ψυχολογικών επιδράσεων του, συμβάλλει ιδιαίτερα στην **δημιουργία εικόνας**[76] για το προϊόν.

Η εμπορική του εφαρμογή στην Ελλάδα δεν είναι ακόμα γόνιμη και γι αυτό δεν υπάρχουν εταιρίες που να έχουν συμβουλευτικό χαρακτήρα ως προς την χρήση του. Αντίθετα, στο εξωτερικό υπάρχουν αρκετές εταιρίες με κύρια δραστηριότητα την παροχή συμβουλών για την σωστή εφαρμογή του χρώματος στο εμπορικό περιβάλλον.

2.1 ΧΡΩΜΑ ΚΑΙ ΛΙΑΝΕΜΠΟΡΙΟ

Το λιανεμπόριο τα παλιότερα χρόνια ήταν κομμένο και ραμμένο στις επιθυμίες των εταιριών παραγωγής των προϊόντων. Στις μέρες μας ο ρόλος της λιανεμπορικής επιχείρησης έχει ανεξαρτητοποιηθεί σε σημαντικό βαθμό και οι λιανεμπορικές επιχειρήσεις αυξήθηκαν, αυξάνοντας παράλληλα και τον ανταγωνισμό.

Ένα από τα στοιχεία που μπορεί να βοηθήσει την σημερινή επιχείρηση να διαφοροποιηθεί είναι η σωστή χρήση του χρώματος στο λιανεμπορικό περιβάλλον. Μιλώντας για λιανεμπόριο, θα ασχοληθούμε αρχικά με την χρήση του χρώματος στα προϊόντα του super market γιατί εκεί ο ανταγωνισμός είναι αρκετά μεγάλος και στα ράφια γίνεται συνωστισμός χρωμάτων.

Στη συνέχεια θα δούμε πως χρησιμοποιείται το χρώμα στην βιτρίνα ενός καταστήματος. Η βιτρίνα[77] είναι ένας σημαντικός παράγοντας για την αγοραστική συμπεριφορά του καταναλωτή καθώς του δίνει το πρώτο ερέθισμα που θα τον οδηγήσει μέσα στο κατάστημα.

Τέλος θα μιλήσουμε για την επίδραση του χρώματος υπό διαφορετικό φωτισμό και τα προβλήματα που μπορεί να δημιουργηθούν. Δεν είναι λίγες οι φορές που αγοράζουμε κάποιο προϊόν από ένα κατάστημα και στο σπίτι έχει διαφορετικό χρώμα λόγω του διαφορετικού φωτισμού που δέχεται.

---

[76] Η εικόνα ενός καταναλωτικού προϊόντος είναι η εντύπωση που έχει δημιουργήσει στη συνείδηση του καταναλωτή: Τζωρτζάκης Κ. / Τζωρτζάκη Α. , Μάρκετινγκ Μάνατζμεντ Η Ελληνική Προσέγγιση , Αθήνα 1996, σελ. 326 - 327
[77] Μαυρουλέας, Ν.: …σελ. 152

24

2.1.1 ΤΟ ΧΡΩΜΑ ΣΤΗΝ ΕΜΠΟΡΙΚΗ ΕΠΙΧΕΙΡΗΣΗ

Η χρήση του χρώματος στο επιχειρησιακό περιβάλλον, γίνεται περισσότερο κατανοητή μέσα στον χώρο ενός **super market**. Ο χώρος αυτός χαρακτηρίζεται από την **μεγαλύτερη ποικιλία προϊόντων** και γι αυτό δημιουργείται **έντονος ανταγωνισμός** μεταξύ των εταιριών. Το πρόβλημα είναι ότι λόγω του μεγάλου αριθμού των προϊόντων είναι ασύμφορο να χρησιμοποιηθεί ένας πωλητής που να αναπτύσσει επιχειρήματα για καθένα από αυτά. Αναγκαστικά το προϊόν πρέπει να πουλήσει «μόνο του» με την φωνή όχι του πωλητή αλλά της συσκευασίας[78]. Ένα από τα στοιχεία της συσκευασίας, το χρώμα, θα μας απασχολήσει στο υπόλοιπο του κεφαλαίου.

Αν τα 4 Ps[79] του Marketing μας είναι ήδη γνωστά, τότε καιρός να γνωρίσουμε τα 2 Ds του χρώματος της συσκευασίας :

Differentiation (Διαφοροποίηση) – Το κατάλληλο χρώμα λόγω ότι είναι οπτικό ερέθισμα, έχει την δυνατότητα να διαφοροποιήσει το προϊόν από τα γειτονικά προϊόντα στο ράφι και να γίνει το κεντρικό σημείο εστίασης στο οπτικό πεδίο του καταναλωτή. Π.χ. η Pepsi με το μπλε χρώμα στην συσκευασία, διαφοροποιείται από τα υπόλοιπα αναψυκτικά που έχουν κυρίως κόκκινο στην συσκευασία.

Definition (Ορισμός) – Το χρώμα λόγω της ψυχολογικής του επίδρασης μπορεί να επικοινωνήσει συγκεκριμένα χαρακτηριστικά και να ορίσει την εικόνα του προϊόντος. Π.χ. η κόκκινη συσκευασία της Coca Cola[80], η οποία θεωρείται νεανικό προϊόν, επικοινωνεί την ένταση, το πάθος, την υπερβολή των νέων και ορίζει μια εικόνα νεανική για το προϊόν.

Επίσης το χρώμα μπορεί να περιέχει και τις 2 ιδιότητες ταυτόχρονα. Π.χ. η εταιρία **Louis Rich** χρησιμοποιεί κόκκινο φόντο για να γίνει κεντρικό σημείο

---

[78] Τζωρτζάκης, Κ., / Τζωρτζάκη, Α., Μαρκετινγκ Μανατζμεντ Η Ελληνικη Προσέγγιση, Αθήνα 1996, σελ. 324

[79]

[80] Η Coca Cola χρησιμοποιεί το κόκκινο ως κύριο χρώμα και σε άλλα προϊόντα της όπως ρούχα, παπούτσια, κ.α.

εστίασης σε σχέση με τα γειτονικά προϊόντα στο ράφι[81]. Επίσης το κόκκινο σκοπεύει στην δημιουργία προσδοκίας του καταναλωτή για έντονη γεύση και μυρωδιά[82].

Τα χρώματα στα προϊόντα έχουν χρησιμοποιηθεί αρκετές φορές είτε πετυχημένα είτε με λάθος χρήση, ας δούμε τις ιδιαιτερότητες κάποιων χρωμάτων:

Το **πράσινο**[83] παλαιότερα ήταν χρώμα ταμπού[84] για τα τρόφιμα, αλλά στις μέρες μας συμβολίζει την φύση με τα δέντρα και τα καταπράσινα λιβάδια. Στις αρχές της δεκαετίας του εβδομήντα οι σχεδιαστές συσκευασιών χρησιμοποιούσαν το μπεζ για να συμβολίσουν την φύση αλλά αυτό αντικαταστάθηκε στην συνέχεια με το βαθύ πράσινο.

Το **μαύρο**[85] χρησιμοποιήθηκε από τους σχεδιαστές συσκευασιών για να δηλώσει την κομψότητα και να δώσει μια ταξική προσέγγιση στο προϊόν. Ο χυμός Minute Maid Orange χρησιμοποίησε το μαύρο για να δείξει μια υπεροχή και να τοποθετήσει το προϊόν ως leader στην κατηγορία του.

Το **λευκό**[86] μας προσφέρει φρεσκάδα, φωτεινότητα και χρησιμοποιείται σε τρόφιμα διαίτης. Επίσης συνδέεται με γαλακτοκομικά προϊόντα επειδή συμβολίζει την αγνότητα και την φρεσκάδα.

Το **κίτρινο** λόγω της λάμψης του είναι το χρώμα που τραβά την προσοχή περισσότερο από όλα τα χρώματα. Σύμφωνα με μια έρευνα της εταιρίας ερευνών **Cheskin & Masten** που στεγάζεται στις Η.Π.Α., το κίτρινο συνδέεται περισσότερο με το φαγητό.

Το κίτρινο[87] σημαίνει ηλιόλουστο, χαρούμενο, νέο και πολύ συχνά χρησιμοποιείται στις ετικέτες προσφορών. Τέλος στα ράφια των super markets πρέπει να αποφεύγεται η **υπερβολική χρήση** και συνδυασμός **έντονων χρωμάτων**[88] γιατί θα

---

[81] Δηλαδή διαφοροποίηση
[82] Δηλαδή ορισμός εικόνας
[83] Στην Ελλάδα σχολιάστηκε έντονα η πράσινη συσκευασία στα πατατάκια Lays
[84] Φρούντ, Σ., Τοτεμ και Ταμπου, Αθήνα 1975, σελ. 29 – 103
[85] Το μαύρο συμβολίζει το τέλος και γι αυτό οι τίτλοι τέλους κινηματογραφικών ταινιών συνήθως εμφανίζονται σε μαύρο φόντο
[86] Το λευκό έχει χρησιμοποιηθεί αρκετές φορές από εταιρίες απορρυπαντικών για να τονίσει την φρεσκάδα που μπορεί να προσφέρει στα ρου χα
[87] Λούσερ, Μ.:…σελ. 76 – 78

26

λειτουργήσει αρνητικά για τα προϊόντα και θα μπερδέψει τον καταναλωτή. Πρέπει να υπάρχει όσο το δυνατόν αρμονία και ομοιογένεια στην τοποθέτηση των προϊόντων στο ράφι[89] με βάση το χρώμα..

2.1.2 ΧΡΩΜΑ ΚΑΙ ΒΙΤΡΙΝΑ

Η βιτρίνα είναι ένα από τα αρχαιότερα διαφημιστικά μέσα στο σταθερό λιανεμπόριο[90]. Η παρουσία της θεωρείται αναγκαία σε κάθε λιανεμπορική επιχείρηση και φυσικά περιορίζεται στον τόπο εγκατάστασης της επιχείρησης. Η βιτρίνα μπορεί να πάρει διάφορες **μορφές** μέσα στην επιχείρηση:

➤ **Πρόσοψη Καταστήματος** – Όταν η πρόσοψη του καταστήματος καλύπτεται με ειδικό διαφημιστικό υλικό όπως αφίσες[91], ετικέτες ,κ.α.

➤ **Παραδοσιακή Βιτρίνα** – Όταν η μπροστινή πλευρά του καταστήματος χρησιμοποιείται για την έκθεση των προϊόντων στο κοινό

➤ **Προέκταση Της Βιτρίνας Στον Χώρο Πώλησης** – Όταν δημιουργείται μια σειρά βιτρινών μέσα στον εσωτερικό χώρο της επιχείρησης

➤ **Ένταξη Της Βιτρίνας Στον Χώρο Πώλησης** - Ολόκληρος ο χώρος πώλησης αποτελεί μία βιτρίνα, όπως γίνεται για παράδειγμα στα μηχανήματα αυτοεξυπηρέτησης[92]

Ο ρόλος της βιτρίνας στην επιχείρηση είναι διπλός:

➤ **Εκθέτει το προϊόν στον καταναλωτή για να το γνωρίσει και να το εξετάσει οπτικά**

➤ **Δημιουργεί εικόνα για το προϊόν και την ίδια την επιχείρηση, ανάλογα με τον τρόπο που θα διαμορφωθεί η βιτρίνα.**

Η διαμόρφωση της βιτρίνας[93] είναι ένας τομέας που καθορίζεται από την ικανότητα του καλλιτέχνη να μπορεί να προσαρμόσει την φαντασία του στους

---

[88] Π.χ. κόκκινο και κίτρινο
[89] Τομάρας, Π., Εισαγωγή Στο Marketing Και Την Έρευνα Αγοράς, σελ. 147 – 149, Αθήνα 1997
[90] Μαυρουλέας , Ν.:…σελ.21
[91] Samson, H. / Price, W., Διαφήμιση – Σχεδιασμός & Τεχνικές, Αθήνα 1997, σελ. 127 – 128
[92] Για παράδειγμα τα μηχανήματα πώλησης αναψυκτικών

στόχους της κάθε επιχείρησης[94]. Ένα από τα σημαντικότερα στοιχεία στην διαμόρφωση βιτρίνας, είναι το χρώμα. Η χρήση του χρώματος στην βιτρίνα είναι δουλειά του διακοσμητή και όπως κάθε άλλη μορφή τέχνης, δεν έχει κάποια ιδιαίτερη συνταγή απλώς ίσως πρέπει να αναφέρω κάποιες γενικές κατευθύνσεις που θα φανούν χρήσιμες :

➤ Οι βιτρίνες που βρίσκονται σε σκιερούς χώρους, χρειάζονται ανοιχτά και λαμπερά χρώματα ενώ οι φωτεινές θαμπά χρώματα.

➤ Τα ψυχρά χρώματα δημιουργούν την αίσθηση ότι ο χώρος είναι μεγαλύτερος ενώ τα θερμά τον μικραίνουν

➤ Για να φανεί ένας χώρος ψηλότερος, χρησιμοποιούμε κάθετα στοιχεία ψυχρού χρώματος (π.χ. ταπετσαρία με κάθετες ρίγες, δοκάρια)

➤ Για να φανεί ένας χώρος χαμηλότερος, χρησιμοποιούνται οριζόντια στοιχεία θερμού χρώματος (π.χ. ράφια με ρίγες)

➤ Δύο προϊόντα που έχουν το ίδιο μέγεθος, αυτό που έχει σκούρο χρώμα φαίνεται μικρότερο και αυτό που έχει ανοιχτό χρώμα, μεγαλύτερο

➤ Καμπύλες σε συνδυασμό με ανοιχτά χρώματα δηλώνουν θηλυκότητα, όμως ευθείες και γωνίες σε συνδυασμό με σκούρα χρώματα δηλώνουν ανδρισμό

➤ Τα γειτονικά χρώματα στην βιτρίνα δίνουν ηρεμία ενώ τα αντίθετα δυναμισμό και ένταση

Κάθε βιτρίνα ανάλογα με τα προϊόντα που εκθέτει απευθύνεται σε ένα συγκεκριμένο κοινό στόχο και γι αυτό πρέπει να είναι προσεκτική η χρήση χρώματος. Έτσι ανάλογα με το κοινό στόχος, η βιτρίνα αποκτά συγκεκριμένο ύφος που αντιστοιχεί στα χαρακτηριστικά του κοινού αυτού.

Το χρώμα λοιπόν ως στοιχείο καθορισμού του ύφους μπορεί να παρουσιαστεί στον πίνακα παρακάτω:

93 Μαυρουλέας, Ν.:… σελ. 152-153
94 Μαυρουλέας, Ν.:… σελ. 152-153

Πίνακας 1Πίνακας: Χρώμα και Ύφος Βιτρίνας[1]

ΥΦΟΣ	ΧΡΩΜΑΤΙΚΟΣ ΧΑΡΑΚΤΗΡΑΣ	ΤΟΝΟΙ ΣΕ ΜΙΚΡΕΣ ΠΟΣΟΤΗΤΕΣ
Τυπικότητα	Θολά, ψυχρά ή ουδέτερα χρώματα	Ασημί, μαύρο, καφέ, χρυσό
Μοντερνισμός	Αντίθεση σε τόνους και ένταση, έντονο φόντο	Άσπρο, μαύρο, έντονο χρώμα
Ησυχία	Γειτονικοί τόνοι, ψυχρά χρώματα	Γκρι
Ζωηρό	Θερμά χρώματα, καθαρά και ζωηρά	Άσπρο, έντονα χρώματα
Θηλυκότητα	Παστέλ χρώματα ανοικτά, μωβ	Άσπρο, γκρι
Ανδρισμός	Έντονες δυνατές σκιές, καφέ χρώματα	Έντονα Χρώματα

Η πρώτη στήλη δείχνει το ύφος που θέλει να αποκτήσει η βιτρίνα, τον χρωματικό χαρακτήρα και τον τόνο χρώματος που θα χρησιμοποιηθεί ανάλογα με το κοινό στο οποίο απευθύνεται. Για παράδειγμα , εάν στο κατάστημα πωλούνται νεανικά[95] ρούχα τότε το ύφος μπορεί να είναι μοντερνισμός και η βιτρίνα απαιτεί φόντο έντονου χρώματος. Για να επιτευχθεί αυτό, χρησιμοποιούμε διάφορους τόνους από μαύρο[96] και λευκό.

2.1.3 ΧΡΩΜΑΤΙΚΗ ΕΠΙΔΡΑΣΗ

Συνήθως όταν ψωνίζουμε, έχουμε στο μυαλό μας το πως αυτά τα προϊόντα θα ταιριάζουν χρωματικά με κάποια άλλα ή με το εσωτερικό περιβάλλον του χώρου. Για παράδειγμα όταν αγοράζουμε ένα παντελόνι, φροντίζουμε να βρούμε ένα πουκάμισο ανάλογου χρώματος που θα δημιουργεί μια χρωματική αρμονία. Το ίδιο συμβαίνει όταν αγοράζουμε ένα νέο χαλί για το γραφείο μας ώστε να ταιριάζει με το χρώμα του εσωτερικού περιβάλλοντος (έπιπλα, τοίχος).

Τι γίνεται όμως στην περίπτωση που το προϊόν όταν βρεθεί εκτός καταστήματος αλλάζει χρώμα; Τι γίνεται όταν οι καταναλωτές θα επιστρέφουν αγανακτισμένοι τα ρούχα που αγόρασαν πριν μία ώρα ; Το πρόβλημα μπορεί να γίνει πιο έντονο στο λογότυπο[97] της εταιρίας, στην συσκευασία του προϊόντος, στην

---

[1] Ο πίνακας βασίστηκε σε αντίστοιχο πίνακα που υπάρχει στο βιβλίο : Αλεξίου, Π., Βιτρίνα: βιτρίνες, καταστήματα, εκθεσιακοί χώροι, Αθήνα 1986, σελ. 177
[95] Γκόμπλιας, Κ., Διαφημίζοντας , Αθήνα 1991, σελ. 371 – 374
[96] Λούσερ, Μ. :... σελ. 83 –84
[97] Τζωρτζάκης, Κ. / Τζωρτζάκη, Α., Μάρκετινγκ Μάνατζμεντ – Η Ελληνική Προσέγγιση, Αθήνα

29

ηλεκτρονική σελίδα της εταιρίας, στον ρουχισμό του προσωπικού, κ.α. Όλες αυτές οι μετατροπές χρώματος μπορεί να επηρεάσουν την εικόνα της εταιρίας και μακροχρόνια να της κοστίσουν οικονομικά. Το φαινόμενο αυτό ονομάζεται **μεταμερισμός** και συμβαίνει όταν δούμε ένα αντικείμενο σε διαφορετικό φωτισμό. Ας δούμε κάποιες περιπτώσεις και να προσπαθήσουμε να τις εξηγήσουμε:

Υποθέτουμε ότι αγοράζουμε για την εταιρία μας ένα χαλί χρώματος καφέ προς κίτρινο για να ταιριάζει με την ξύλινη επένδυση των επίπλων του γραφείου και να δίνει μια ευχάριστη αίσθηση στον επισκέπτη[98]. Μετά από λίγες μέρες ανακαλύπτουμε ότι έχει πάρει ένα χρώμα γκρι!

Το φαινόμενο αυτό οφείλεται στο γεγονός ότι πριν την αγορά, το χαλί εθεάθη σε θερμό φωτισμό ενώ όταν τοποθετήθηκε στο γραφείο, ο φωτισμός ήταν ψυχρότερος και μετέτρεψε το χρώμα. Πρέπει να λάβουμε υπόψη ότι για την αλλαγή του χρώματος παίζουν ρόλο διάφοροι παράγοντες όπως **η ώρα της ημέρας** (πρωί, μεσημέρι, βράδυ), **η κατεύθυνση απ' οπου έρχεται το φως** (Βοράς, Νότος) και οι **καιρικές συνθήκες** (Λιακάδα, Βροχή, Συννεφιά).

Ένα ηλεκτρονικό κατάστημα παρουσιάζεται με διαφορετικά χρώματα στον επισκέπτη που το βλέπει από τον υπολογιστή του. Αν τα προϊόντα εμφανιστούν με διαφορετικό χρώμα, αυτό ίσως έχει επίδραση στην αγοραστική απόφαση του καταναλωτή. Είναι ένα ακόμα φαινόμενο του μεταμερισμού και συνήθως οφείλεται στο πρόγραμμα περιήγησης που χρησιμοποιούμε για αναζήτηση στο world wide web[99] .Κάθε πρόγραμμα περιήγησης δέχεται διαβάζει τα δεδομένα του Η/Υ με τον οποίο συνδεόμαστε και τα αποκωδικοποιεί σύμφωνα με δικούς του κανόνες. Δηλαδή το κάθε πρόγραμμα περιήγησης ορίζει δικούς του κανόνες για το πώς θα φαίνεται το χρώμα της ιστοσελίδας στον Η/Υ μας. Οπότε η μη χρησιμοποίηση ενός κοινού προγράμματος από όλους τους ανθρώπους δημιουργεί προβλήματα[100]. Μία λύση στο πρόγραμμα θα είναι όλα τα γραφικά να σχεδιαστούν αρχικά σε Η/Υ που πετυχαίνουν

1996, σελ. 322 – 324
[98] Η διακόσμηση στον χώρο εργασίας, εντάσσεται αρκετές φορές σε σημειολογικές προσεγγίσεις. Π.χ. οι ακριβοί πίνακες στο γραφείο του διευθυντή έχουν ως σημαίνον ότι ο διευθυντής έχει ακριβά γούστα και σαν σημαινόμενο ότι η επιχείρηση έχει μεγάλο οικονομικό κύρος, σοβαρότητα και ο επισκέπτης του γραφείου είναι υποχρεωμένος να το σεβαστεί.
[99] Laura, L., Εγχειρίδιο της HTML 3.2, Αθήνα 1996, σελ. 4 – 5
[100] εταιρία Microsoft είχε κατηγορηθεί για μονοπώλιο επειδή προσέφερε δωρεάν το πρόγραμμα αναζήτησης Internet Explorer.

τις καλύτερες χρωματικές αναλύσεις. Μια άλλη λύση είναι αν το ηλεκτρονικό κατάστημα έχει πιστούς καταναλωτές, οι ίδιοι οι καταναλωτές να κατεβάσουν από την ιστοσελίδα του καταστήματος ειδικό λογισμικό που θα εξασφαλίζει την γνησιότητα των χρωμάτων.

Δύο αντικείμενα που φαίνονται με συγκεκριμένο φωτισμό έχουν το ίδιο χρώμα αλλά όταν βρεθούν σε διαφορετικό φωτισμό, έχουν διαφορετικό χρώμα. Είναι άλλο ένα φαινόμενο του μεταμερισμού, και οφείλεται σε αρκετούς πολύπλοκους παράγοντες όπως η διαδικασία του χρωματίσματος και διαδικασίες κατασκευής.

Επειδή το μεγαλύτερο πρόβλημα με τον μεταμερισμό εμφανίζεται στο λιανεμπόριο, πιστεύω ότι πρέπει να προβλέψουμε ενδεχόμενα προβλήματα που μπορεί να του δημιουργήσει ο μεταμερισμός.

➢ Αν τα χρώματα 2 ρούχων ταιριάζουν τόσο σε εσωτερικό φωτισμό όσο και σε φωτισμό ημέρας, μπορεί και πάλι να έχουν πρόβλημα λόγω της διαφορετικής ποιότητας βαφής.
➢ Τα καταστήματα που δεν έχουν πρόσβαση στο φως ημέρας, πρέπει να διαθέτουν ειδικές λάμπες που θα προσομοιώνουν το φως ημέρας.
➢ Τα χρώματα που αντιμετωπίζουν τα περισσότερα προβλήματα μεταμερισμού είναι το μπεζ, το μωβ[101], το γκρι και το γκριζωπό μπλε
➢ Να αποθαρρύνουμε τους καταναλωτές από το να αγοράζουν ρούχα διαφορετικών υλικών ή εταιριών τα οποία ενδεχομένως να αντιμετωπίσουν προβλήματα μεταμερισμού.

2.2   ΧΡΩΜΑ ΚΑΙ ΕΝΤΥΠΗ ΔΙΑΦΗΜΙΣΗ

Το χρώμα είναι αναμφισβήτητα ένας από τους σημαντικότερους παράγοντες επιτυχίας στην Έντυπη Διαφήμιση[102]. Στην πρώτη ενότητα λοιπόν θα μιλήσουμε για τον ρόλο του χρώματος στο έντυπο και την συμβολή του στην αποτελεσματικότητα του διαφημιστικού μηνύματος[103] μιας έντυπης καταχώρησης. Στη συνέχεια θα δούμε ότι η χρήση του χρώματος σε έντυπες καταχωρήσεις ποικίλει ανάλογα με την χώρα

---

[101] Λούσερ, Μ. :...σελ. 78 – 81
[102] Για τον σχεδιασμό και την χρήση των έντυπων μέσων διαβάστε στο βιβλίο : Samson H. / Price W., Διαφήμιση – Σχεδιασμός και Τεχνικές, Περιστέρι 1997, σελ. 69 - 82
[103] Η διάρκεια ζωής του διαφημιστικού μηνύματος περιγράφεται στο βιβλίο : Ζώτος, Γ.: ...σελ. 154

έκδοσης του εντύπου και θα εξετάσουμε μια έρευνα που έγινε και αφορά την χρήση του χρώματος σε οικονομικά περιοδικά διαφόρων χωρών. Τέλος θα επισημάνουμε προσωπικές παρατηρήσεις και προτάσεις πάνω στα αποτελέσματα της έρευνας.

2.2.1 ΕΝΤΥΠΗ ΚΑΤΑΧΩΡΗΣΗ

Η Έντυπη Διαφήμιση είναι από τα κυριότερα μέσα στην οργάνωση μιας Διαφημιστικής εκστρατείας και περιλαμβάνει καταχωρήσεις σε εφημερίδες και περιοδικά.. Το κυριότερο στοιχείο το οποίο επηρεάζει την αποτελεσματικότητα της καταχώρησης είναι το χρώμα της, ο ρόλος του χρώματος στην έντυπη καταχώρηση είναι:

➢ Ο τονισμός και η έμφαση του σλόγκαν
➢ Η δημιουργία ατμόσφαιρας που αυξάνει την αποτελεσματικότητα του διαφημιστικού μηνύματος

Εάν λοιπόν στην καταχώρηση το σλόγκαν είχε κείμενο ίδιου χρώματος με τα δημοσιογραφικά κείμενα του εντύπου, τότε η ανάγνωση θα ήταν ανιαρή και πάνω από όλα κουραστική. **Όμως το χρώμα όταν χρησιμοποιείται ως κείμενο**, τότε λόγω του συμβολισμού των χρωμάτων δίνει στο σλόγκαν έμφαση και προσωπικότητα. Π.χ. το σλόγκαν μιας έντυπης καταχώρησης ενός νεανικού προϊόντος εάν απεικονίζεται με κόκκινη γραμματοσειρά[104] διαφοροποιείται από την υπόλοιπη οπτική πληροφορία, τραβά την προσοχή λόγω της λάμψης του κόκκινου και λόγω της ψυχολογίας χρώματος, δημιουργεί ανάλογο συναίσθημα στον θεατή. Άρα ο ρόλος του σλόγκαν έχει πολλές πιθανότητες να γίνει παράγοντας επιτυχίας για την καταχώρηση!

Επίσης το χρώμα όταν χρησιμοποιείται ως φόντο ή ως προσκήνιο σε μια καταχώρηση δημιουργεί ατμόσφαιρα . Π.χ. όταν επικοινωνείται ένα πακέτο διακοπών σε κοινο – στόχο ανθρώπους που ψάχνουν την ηρεμία στις διακοπές τους μπορεί να χρησιμοποιηθεί το γαλάζιο ως χρώμα φόντου. Το γαλάζιο δημιουργεί ατμόσφαιρα γαλήνης, ηρεμίας και είναι πολύ πιθανόν να κάνει το διαφημιστικό μήνυμα αποτελεσματικότερο.

---

[104] Το κόκκινο συμβολίζει την ένταση

Βέβαια δεν πρέπει να γίνεται υπερβολική χρήση του χρώματος γιατί θα κάνει το έντυπο να μοιάζει με ουράνιο τόξο και θα δυσχεραίνει την ανάγνωση του. Πρέπει λοιπόν να υπάρχει μια ισορροπία στην διάταξη των χρωμάτων που υπάρχουν είτε ως τμήμα καταχώρησης είτε ως μέρος του δημοσιογραφικού κειμένου.

2.2.2 ΕΡΕΥΝΑ ΚΑΙ ΑΠΟΤΕΛΕΣΜΑΤΑ

Έχουν γίνει διάφορες έρευνες που αποκαλύπτουν ότι υπάρχουν διαφορές στην χρήση χρώματος μεταξύ ανθρώπων διαφορετικής γεωγραφικής θέσης, έκθεσης στο φως και οικονομικής ανάπτυξης. Η συγκεκριμένη έρευνα που θα παρουσιάσω αποδεικνύει ότι:

> ➤ **Υπάρχουν διαφορές στην χρήση χρώματος ανάμεσα σε ειδικές διαφημίσεις σε περιοδικά Business To Business.** Οι ασπρόμαυρες καταχωρήσεις έχει αποδειχθεί ότι είναι λιγότερο ελκυστικές από τις έγχρωμες, αλλά σε ειδικές περιπτώσεις η ασπρόμαυρη καταχώρηση έχει την δυνατότητα διαφοροποίησης.

> ➤ **Υπάρχουν διαφορές στην χρήση ασπρόμαυρων καταχωρήσεων σε διαφημίσεις περιοδικών Business To Business σε διάφορες χώρες.**

Για την έρευνα αυτή χρησιμοποιήθηκαν εβδομαδιαία επιχειρηματικά περιοδικά από την Γαλλία (**Le Nouvel Economiste**) τις Η.Π.Α (**Fortune**) και την Βενεζουέλα (**Gerente**). Οι έντυπες καταχωρήσεις επιλέχθηκαν επειδή «οι διαφορές στις προτιμήσεις χρώματος μεταξύ πολιτισμών είναι πιθανών να εμφανιστούν στην χρήση χρώματος σε έντυπες καταχωρήσεις» .

Έγινε επιλογή μόνο **ολοσέλιδων καταχωρήσεων** σε σειρά τευχών που κυκλοφόρησαν μεταξύ **Ιανουάριο και Μάρτη 1995** και αν μια διαφήμιση εμφανιζόταν αρκετές φορές, υπολογιζόταν μόνο μία φορά,. Συνολικά χρησιμοποιήθηκαν **220** καταχωρήσεις από το περιοδικό Le Nouvel Economiste, **264** από το Fortune και **358** από το Gerente. Τρεις άντρες και τρεις γυναίκες κατέγραψαν το χρώμα κάθε διαφήμισης χωρίς να υπάρχει επικοινωνία μαζί τους, **το κυρίαρχο χρώμα** καθορίστηκε σαν το χρώμα που καταλαμβάνει τον περισσότερο χώρο της καταχώρησης. Οι κατηγορίες αποχρώσεων ήταν το **μαύρο**, το **μπλε**, το **καφέ**, το γκρι, το **πράσινο**, το **πορτοκαλί**, το **κόκκινο**, το **βιολετί**, το λευκό και το **κίτρινο**. Αυτές είναι οι τυποποιημένες αποχρώσεις που βολεύουν καλύτερα σε μια ανάλυση περιεχομένου και για να μην υπάρχει πρόβλημα, δόθηκε σε κάθε ερευνητή ένας πίνακας που απεικόνιζε τις αποχρώσεις.

Πίνακας 2 Σύγκριση αριθμού **Ασπρόμαυρων και Έγχρωμων Καταχωρήσεων**

	Ασπρόμαυρες	Έγχρωμες	Άθροισμα Ασπρόμαυρων και Έγχρωμων
Gerente	14	344	358
Fortune	53	211	264
Le Nouvel Economiste	23	197	220
Σύνολο	**90**	**752**	**842**

Ο πίνακας δημιουργήθηκε από τα αποτελέσματα της έρευνας και δείχνει την σύγκριση μεταξύ ασπρόμαυρων και έγχρωμων καταχωρήσεων που βρέθηκαν στα περιοδικά:

➢ Στο Gerente, κατά προσέγγιση οι ασπρόμαυρες καταχωρήσεις είναι το 4% και οι έγχρωμες το 96% του συνόλου καταχωρήσεων στο περιοδικό αυτό.

➢ Στο Fortune, κατά προσέγγιση οι ασπρόμαυρες καταχωρήσεις είναι το 20% και οι έγχρωμες το 80% του συνόλου καταχωρήσεων στο περιοδικό αυτό.

➢ Στο Le Nouvel Economiste, κατά προσέγγιση οι ασπρόμαυρες καταχωρήσεις είναι το 10% και οι έγχρωμες το 90% του συνόλου καταχωρήσεων στο περιοδικό αυτό.

Πίνακας 3 Η Χρήση Χρώματος ανά περιοδικό

	Μαύρο	Μπλε	Καφέ	Γκρι	Πράσινο	Πορτοκαλί	Κόκκινο	Βιολετί	Λευκό	Κίτρινο
Gerente	23	85	21	24	37	9	33	12	72	28
Fortune	16	66	19	20	16	3	4	13	27	27
Le Nouvel Economiste	16	72	18	21	9	4	12	5	30	10
Σύνολο	55	223	58	65	62	16	49	30	129	65

Ο Πίνακας δείχνει την χρήση διαφορετικών χρωμάτων ανά περιοδικό:

➤ Οι διαφημίσεις σε όλα τα περιοδικά χρησιμοποιούν μεγάλες ποσότητες μπλε και λευκού χρώματος

➤ Το πορτοκαλί είναι το χρώμα που χρησιμοποιείται λιγότερο από όλα τα χρώματα

2.2.3 ΠΑΡΑΤΗΡΗΣΕΙΣ ΚΑΙ ΠΡΟΤΑΣΕΙΣ

Τα αποτελέσματα από την έρευνα αυτή δείχνουν ότι **η χρήση του χρώματος σε διαφημίσεις επιχειρηματικών περιοδικών διαφέρει από πολιτισμό σε πολιτισμό.** Πάντως η μεγάλη ποσότητα μπλε και λευκού χρώματος ίσως είναι ένα δείγμα τυποποιημένου συνδυασμού χρωμάτων που μπορεί να χρησιμοποιηθεί σε διαφημίσεις Business To Business.

Επίσης με την έρευνα αυτή ενισχύεται και η δεύτερη άποψη που αναφέραμε στο προηγούμενο κεφάλαιο, δηλαδή ότι **διαφέρει η χρήση ασπρόμαυρων καταχωρήσεων**[105] **σε επιχειρηματικά περιοδικά, στους διάφορους πολιτισμούς.** Οι καταχωρήσεις στις Η.Π.Α χρησιμοποιούν σε μεγάλο βαθμό το άσπρο και το μαύρο ενώ στην Βενεζουέλα λιγότερο. Μια πιο ακριβής ανάλυση στις καταχωρήσεις του Fortune, μας δείχνει ότι σε ασπρόμαυρες καταχωρήσεις παρουσιάζονται κυρίως οικονομικές, ασφαλιστικές υπηρεσίες και γενικά προϊόντα πολυτελείας. Αυτό το γεγονός ίσως δείχνει ότι **οι διαφημιστές**[106] **των Η.Π.Α προσπαθούν να επικοινωνήσουν μια παραδοσιακή ,συντηρητική εικόνα** χρησιμοποιώντας χρωματικούς συνδυασμό παλαιότερης εποχής. Βέβαια σε μικρότερου μεγέθους οικονομίες, η ασπρόμαυρη καταχώρηση δεν είναι κατάλληλη γιατί ίσως

---

[105] Γκόμπλιας, Κ. : ...σελ. 201 - 205
[106] Γκόμπλιας, Κ. : ...σελ. 95 - 97

35

παρερμηνευτεί ότι ο χρωματικός συνδυασμός σημαίνει «φθηνό» και «χαμηλής ποιότητας» προϊόν. Όπως καταλαβαίνεις, μια τέτοια ερμηνεία δεν συμφέρει οικονομικές υπηρεσίες και προϊόντα πολυτελείας. **Η χρήση χρώματος δείχνει εικόνα προόδου και ίσως λειτουργήσει σαν σημείο έλξης για πιθανές επενδύσεις σε μικρότερου μεγέθους οικονομίες.**

Παρά το ότι σε αυτή την έρευνα υπάρχει δείγμα από 3 διαφορετικούς πολιτισμούς, **το δείγμα δεν είναι αντιπροσωπευτικό σε τέτοιο βαθμό ώστε να δικαιολογήσει την χρήση τυποποιημένων χρωματικών συνδυασμών.** Απαιτείται περαιτέρω έρευνα σε μεγαλύτερο αριθμό χωρών και σε περισσότερα περιοδικά Business To Business. Η χρήση ενός τυποποιημένου χρωματικού συνδυασμού είναι μεγάλο ρίσκο καθώς μιλάμε για υπηρεσίες / προϊόντα πολυτελείας και πιθανή αποτυχία θα έχει σημαντικές οικονομικές επιπτώσεις στον χώρο του Business To Business.

Συνολικά μέσα από αυτή την έρευνα προκύπτουν διάφορα συμπεράσματα για την χρήση του χρώματος σε περιοδικά Business To Business. Τα κυριότερα από αυτά είναι :

➢ **Η ταυτότητα του πολιτισμού επηρεάζει την χρήση χρώματος στις καταχωρήσεις περιοδικών Business To Business.**
➢ **Η οικονομική ανάπτυξη επιδρά στην χρήση ασπρόμαυρων καταχωρήσεων σε διαφορετικές χώρες**
➢ **Χρειάζεται προσεκτική επιλογή στα χρώματα που χρησιμοποιούνται στις διαφημίσεις συγκεκριμένων χωρών γιατί η ερμηνεία κάθε χρώματος είναι διαφορετική από λαό σε λαό.**

Η προσεκτική επιλογή του χρώματος στις διαφημίσεις Business To Business θα βοηθήσει τους υπεύθυνους marketing να επιτύχουν μεγαλύτερη αποτελεσματικότητα στην διαφήμιση των προϊόντων τους και να αυξήσουν τα κέρδη τους.

2.3 ΧΡΩΜΑ ΚΑΙ ΔΙΑΔΙΚΤΥΟ

Με την εμφάνιση του Διαδικτύου δημιουργήθηκε ένα νέο κανάλι εμπορικής επικοινωνίας όπου μπορούν να διακινηθούν υλικά και άυλα προϊόντα. Στην ουσία το εμπόριο στο διαδίκτυο αποτελεί μια προσομοίωση του φυσικού εμπορίου και γι αυτό το ηλεκτρονικό κατάστημα που θα δημιουργηθεί πρέπει να μοιάζει στο φυσικό κατάστημα.

Ένας από τους παράγοντες για την ομαλή μεταφορά του καταστήματος σε ηλεκτρονική μορφή είναι το χρώμα. Τα προϊόντα εμφανίζονται στο ηλεκτρονικό κατάστημα σε μορφή φωτογραφίας και τα χρώματα της φωτογραφίας πρέπει θυμίζουν όσο είναι δυνατόν το πραγματικό προϊόν. Επίσης τα χρώματα του ηλεκτρονικού καταστήματος πρέπει να είναι τα κατάλληλα για το κοινό στόχος. Για την καταλληλότητα αυτή θα πρέπει να υπάρχει σωστή διάταξη του χρώματος και ακόμα το χρώμα να λειτουργεί ως πόλος έλξης σε συγκεκριμένα προϊόντα που θέλουμε να προωθήσουμε.

2.3.1 ΗΛΕΚΤΡΟΝΙΚΟ ΕΜΠΟΡΙΟ

Με την είσοδο των ηλεκτρονικών υπολογιστών στην ζωή μας δημιουργήθηκε ένα νέο κανάλι εμπορικής επικοινωνίας, το Διαδίκτυο[107]. Έτσι έχουμε την παρουσία ηλεκτρονικών καταστημάτων που προσομοιώνουν τον τρόπο λειτουργίας των φυσικών καταστημάτων: υπάρχει βιτρίνα, πληροφορίες για το προϊόν, φωτογραφία του προϊόντος, χρησιμοποιείται χρήμα στις συναλλαγές, κ.α.

Λόγω ότι το ηλεκτρονικό κατάστημα στηρίζεται στις αρχές ενός φυσικού καταστήματος, πρέπει να γίνει με ομαλό τρόπο και η μετατροπή της μορφής του σε ηλεκτρονική. Δηλαδή κατά την δημιουργία του ηλεκτρονικού καταστήματος πρέπει να προσεχθούν ιδιαίτερα τα στοιχεία που χαρακτηρίζουν προϊόν και κατάστημα ώστε να διατηρηθούν στην ηλεκτρονική παρουσία και να υπάρχει η αναγνωρισιμότητα από τον καταναλωτή.

---

[107] Η σωστή ονομασία είναι Internet που σημαίνει International Network (Διεθνές Δίκτυο) και ξεκίνησε από τις Η.Π.Α. για τις ανάγκες του Αμερικάνικου στρατού.

Τα **χρώματα των φυσικών προϊόντων** πρέπει να αποδοθούν με την μεγαλύτερη ακρίβεια στις φωτογραφίες που υπάρχουν στο Διαδίκτυο. Η χρήση διαφορετικών μοντέλων Η/Υ παγκοσμίως δυσκολεύει την απόδοση του χρώματος της φωτογραφίας με την ίδια ποιότητα σε όλα τα συστήματα.. Έτσι ο web designer πρέπει να μετατρέπει τις φωτογραφίες στον σωστό τύπο αρχείου[108] για να εξασφαλίζεται η καλύτερη δυνατή χρωματική παρουσίαση και να μειώνεται όσο γίνεται ο χρόνος εμφάνισης της φωτογραφίας στην οθόνη.

Τα **χρώματα του ηλεκτρονικού καταστήματος** πρέπει να διευκολύνουν τον καταναλωτή στα «ψώνια» του και να χρησιμοποιούνται έξυπνα από την επιχείρηση. Το χρώμα λοιπόν στο ηλεκτρονικό κατάστημα πρέπει να λειτουργεί ως διπλός παράγοντας:

1. Σωστή Διάταξη Χρώματος[109]
2. Έλξη Της Προσοχής[110]

Οι παράγοντες θα αναλυθούν στην συνέχεια και φανερώνουν έναν τρόπο με τον οποίο θα εξασφαλιστεί η οικειότητα του ηλεκτρονικού καταστήματος προς τον καταναλωτή.

2.3.2 ΣΩΣΤΗ ΔΙΑΤΑΞΗ ΧΡΩΜΑΤΟΣ

Η πρώτη εικόνα ενός καταστήματος είναι πολύ σημαντική για τον καταναλωτή επειδή είναι ικανή να μεταδώσει ερεθίσματα που τον οδηγούν στην αγοραστική απόφαση. **Όπως στον εκθεσιακό χώρο των πολυκαταστημάτων πρέπει να υπάρχει σωστή διάταξη των προϊόντων και των πληροφοριών έτσι και στον «ηλεκτρονικό χώρο» απαιτείται ανάλογη διάταξη.** Μια καλή διάταξη θα αποτρέψει τον καταναλωτή από το να κατανοήσει σε περισσότερο χρόνο και με μεγαλύτερο κόπο τα προϊόντα και τις πληροφορίες. Άλλωστε, ο χρόνος παραμονής στο Διαδίκτυο χρεώνεται και γι αυτό ο καταναλωτής απαιτεί μία **γρήγορη και εύκολη λύση**!

---

[108] Ο τύπος αρχείου GIF χρησιμοποιείται για εικόνες που δεν μας ενδιαφέρει τόσο η ποιότητα όσο το να εμφανίζεται γρήγορα στην οθόνη μας. Από την άλλη το αρχείο τύπου JPG, χρησιμοποιείται για εικόνες που θέλουμε υψηλή ποιότητα χρωματικής ανάλυσης ανεξάρτητα από τον χρόνο που χρειάζεται για να εμφανιστεί στην οθόνη.
[109] Εργονομικός παράγοντας
[110] Εμπορικός παράγοντας

Ας πάρουμε όμως τα πράγματα από την αρχή, όταν κάποιος κοιτά για παράδειγμα σε μια βιτρίνα, δέχεται τόσο μεγάλη ποσότητα πληροφορίας που δεν μπορεί να την αποδεχτεί ενιαία. Έτσι η στρατηγική του ματιού είναι να αναλύει την οπτική πληροφορία σε επιμέρους τμήματα, να εξετάζει το καθένα από αυτά ξεχωριστά. και να τους δώσει νόημα. Η εξέταση κάθε τμήματος γίνεται με την εκπομπή μιας κινούμενης ακτινοβολίας από το μάτι, όπως δηλαδή όταν είμαστε σε ένα σκοτεινό μέρος και με τον φακό εκπέμπουμε φως εστιάζοντας σε συγκεκριμένο σημείο.

Αρχικά λοιπόν, όταν ένας επισκέπτης μπαίνει στην ηλεκτρονική σελίδα μιας εταιρίας δεν έχει εστιάσει την προσοχή του σε συγκεκριμένο σημείο, προσπαθεί να τμηματοποιήσει την οπτική πληροφορία και να ξεχωρίσει το φόντο από το προσκήνιο. Αυτό μπορεί να γίνει με την χρήση ενός ισχυρού ερεθίσματος όπως είναι το χρώμα.. Η διάταξη χρώματος βοηθά στην ανάλυση της οπτικής πληροφορίας σε τμήματα και η χρήση ίδιου χρώματος σε διαφορετικά σημεία της εικόνας επεξηγεί ότι αυτά τα σημεία έχουν κάτι κοινό μεταξύ τους. Δηλαδή τα ίδια χρώματα δηλώνουν μια ομοιότητα και τα διαφορετικά χρώματα μια διαφορά στην σχέση μεταξύ αντικειμένων ή περιοχών της εικόνας. Η δημιουργία νοήματος μέσω της χρωματικής διάταξης είναι εύκολη, γρήγορη και ιδανική για τον ηλεκτρονικό επισκέπτη.

Ας δούμε ένα πρακτικό παράδειγμα για να κατανοήσουμε την χρήση του χρώματος. Π.χ. ο ηλεκτρονικός επισκέπτης θέλει να αγοράσει έναν φούρνο μικροκυμάτων και μια ηλεκτρική κουζίνα μέσω Διαδικτύου γιατί έτσι θα έχει 20% έκπτωση στο ποσό αγοράς. Μπαίνοντας στην ηλεκτρονική σελίδα ενός πολυκαταστήματος με τις κατηγορίες προϊόντων, θέλει να βρει το κατάλληλο link που θα τον οδηγήσει στην σελίδα που έχει φωτογραφίες και πληροφορίες για τα προϊόντα που τον ενδιαφέρουν. Η σελίδα που μπαίνει έχει όλα τα είδη κουζίνας που σχετίζονται με θερμότητα σε κόκκινο φόντο[111] και τα είδη ψύξης σε γαλάζιο φόντο[112] . Έτσι το μάτι πηγαίνει πρώτα[113] στην κόκκινη περιοχή της ηλεκτρονικής βιτρίνας και

---

[111] Το κόκκινο ανήκει στα θερμά χρώματα και χρησιμοποιείται πολύ συχνά στην διαφήμιση προϊόντων που σχετίζονται με την θερμότητα
[112] Το μπλε ανήκει στα ψυχρά χρώματα και χρησιμοποιείται πολύ συχνά σε διαφημίσεις ψυγείων.
[113] Το κόκκινο είναι πιο φωτεινό χρώμα από το γαλάζιο και γι' αυτό θα τραβήξει πρώτο το ανθρώπινο βλέμμα

στην συνέχεια στα υπόλοιπα τμήματα του ίδιου χρώματος. Με αυτόν τον τρόπο βρίσκει πρώτα το link για τον φούρνο μικροκυμάτων και μετά για την ηλεκτρική κουζίνα εξοικονομώντας χρόνο.

Εάν δεν υπήρχαν αυτές οι συντομεύσεις χρώματος τότε ο επισκέπτης θα ήταν αναγκασμένος να διαβάσει ίσως όλο το κείμενο της σελίδας, να προσπαθήσει να δώσει νόημα σε αυτό και στο τέλος να καταλήξει στις πληροφορίες που τελικά θέλει. Η διαδικασία αυτή είναι χρονοβόρα και επίπονη κάτι το οποίο θα αποτρέψει μελλοντικές επισκέψεις στην σελίδα του καταστήματος.

Βέβαια η υπερβολική χρήση διαφορετικών χρωμάτων είναι κάτι το οποίο μπορεί να μπερδέψει το οπτικό σύστημα και να δημιουργήσει μια δυσάρεστη άποψη στον καταναλωτή για το ηλεκτρονικό κατάστημα. Επίσης επειδή το οπτικό σύστημα στην αρχική του ανάλυση ξεχωρίζει το φόντο από το προσκήνιο, καλό είναι να χρησιμοποιούνται θερμά χρώματα στο προσκήνιο και ψυχρά χρώματα στο φόντο, έτσι η αντίθεση των χρωμάτων δημιουργεί γρηγορότερη αντίληψη της οπτικής πληροφορίας.

Τελικό συμπέρασμα είναι ότι το χρώμα λειτουργεί ως **παράγοντας εργονομίας** γιατί εξασφαλίζει στον άνθρωπο την ωφέλιμη χρήση του ηλεκτρονικού καταστήματος από την σωστή διάταξη του χρώματος.

2.3.3 ΈΛΞΗ ΠΡΟΣΟΧΗΣ

Το ηλεκτρονικό κατάστημα πέρα από την σωστή διάταξη των χρωμάτων πρέπει να έχει την δυνατότητα να προωθεί «οπτικά» συγκεκριμένα προϊόντα που θέλει.

Αυτή η λειτουργία μπορεί να γίνει με έξυπνη χρήση του χρώματος που θα κατευθύνει το ανθρώπινο βλέμμα εκεί που πρέπει. Όπως αναφέραμε και προηγουμένως η οπτική πληροφορία διαιρείται σε επιμέρους τμήματα και το βλέμμα πρόκειται να οδηγηθεί σε ένα συγκεκριμένο τμήμα της οπτικής πληροφορίας. Γνωρίζοντας ήδη την λειτουργία του ματιού, μπορούμε να την χρησιμοποιήσουμε για εμπορικό όφελος.

Για παράδειγμα, το τμήμα web design μιας διαφημιστικής εταιρίας αναλαμβάνει να βρει επιτυχημένο τρόπο για να προωθήσει μια σειρά ταινιών DVD επιστημονικής φαντασίας μέσα από το ηλεκτρονικό κατάστημα www.movieshow.com . O web designer λοιπόν πρέπει να επανασχεδιάσει με τέτοιο τρόπο την ιστοσελίδα – κατάλογο του ηλεκτρονικού καταστήματος ώστε με την πρώτη ματιά να πέφτει το ανθρώπινο βλέμμα στις ταινίες επιστημονικής φαντασίας και έτσι να υπάρχει μεγαλύτερη πιθανότητα αγοράς.

Η εικόνα αυτή δείχνει 2 διαφορετικούς τρόπους με τους οποίους μπορούν να αναδειχθούν οι ταινίες επιστημονικής φαντασίας μέσα από το ηλεκτρονικό κατάστημα.. Στην εικόνα Α θεωρούμε ότι οι κουκίδες έντονου μπλε είναι το φόντο καταχώρησης από ταινίες διαφόρων ειδών που υπάρχουν στην ιστοσελίδα και με χρώμα ανοικτό μπλε οι ταινίες επιστημονικής φαντασίας. Αναγκαστικά λοιπόν μετά την διαίρεση της οπτικής πληροφορίας σε διαφορετικά τμήματα, το ανθρώπινο βλέμμα θα πέσει κατά σειρά στις 3 κουκίδες διαφορετικού χρώματος που δημιουργούν μια νοητή γραμμή. Έτσι εξασφαλίζεται η έλξη της προσοχής από τις επιθυμητές κουκίδες που αντιπροσωπεύουν τα προϊόντα που θέλουμε να προωθήσουμε. Στην εικόνα Β όπου τα «επιθυμητά» προϊόντα εικονίζονται με κόκκινες κουκίδες, το φαινόμενο είναι αποτελεσματικότερο γιατί το κόκκινο ως θερμό χρώμα σε φόντο μπλε δίνει την αίσθηση της κοντινής απόστασης και έτσι διαφοροποιείται από τα υπόλοιπα προϊόντα..

Σε αυτή την περίπτωση το χρώμα δρα καθαρά ως εμπορικός παράγοντας και στοχεύει στην επίτευξη των στόχων της επιχείρησης.

3. ΑΞΙΟΠΟΙΗΣΗ ΕΜΠΟΡΙΚΩΝ ΕΥΚΑΙΡΙΩΝ

Ο ρόλος του χρώματος είναι αρκετά σημαντικός στον χώρο της Διαφήμισης, τα τελευταία 60 χρόνια έχουν γίνει διάφορες έρευνες για την επίδραση του χρώματος στις έντυπες καταχωρήσεις. Έχει βρεθεί λοιπόν ότι μπορεί να προκαλέσει αισθητική αντίδραση, να επηρεάσει την πειστικότητα, το γόητρο και γενικά την αντίληψη του καταναλωτή για το προϊόν.

Μια από τις εφαρμογές του χρώματος είναι στην Business to Business διαφήμιση και συγκεκριμένα η διαφορά χρήσης του ανάλογα με το κοινό της χώρας στο οποίο απευθύνεται. Πέρα από την χρήση του στην «παραδοσιακή» διαφήμιση, το χρώμα με μερικές διαφοροποιήσεις μπορεί να επιδράσει ακόμα και σε άτομα που έχουν αχρωματοψία! Τέλος μία από τις σημαντικότερες και πιο πρόσφατες εφαρμογές του χρώματος είναι στο Internet για να αναδείξει την εικόνα του προϊόντος. Αν μη τι άλλο, το χρώμα είναι απαραίτητο στοιχείο στην Διαφήμιση και σε οποιαδήποτε άλλη μορφή επικοινωνιακής ενέργειας.

3.1 ΧΡΩΜΑΤΙΚΑ ΤΥΦΛΟΙ ΚΑΤΑΝΑΛΩΤΕΣ

Η αχρωματοψία είναι μια ιδιαιτερότητα που σχετίζεται με την αδυναμία του ανθρώπου να αναγνωρίζει συγκεκριμένα χρώματα και επηρεάζει την χρήση του χρώματος ως εργαλείο διαφήμισης. Θα εξετάσουμε λοιπόν την ταυτότητα των ανθρώπων με αχρωματοψία και θα δούμε τις κατηγορίες ατόμων ανάλογα με τα χρώματα που μπορούν να δουν.

Η ομάδα των ανθρώπων αυτών είναι ιδιαίτερα σημαντική για την έρευνα μας καθώς τα άτομα αυτά δεν είναι σε θέση να αποκωδικοποιήσουν το νόημα του διαφημιστικού μηνύματος όπως οι κανονικοί καταναλωτές, άρα υπάρχει το πρόβλημα της διαφήμισης.

Στη συνέχεια μέσα από τα στοιχεία της έρευνας του Carol Kaufman, θα προσεγγίσουμε ορισμένες πτυχές του προβλήματος και θα δώσουμε κάποια ερεθίσματα στις επιχειρήσεις που ίσως βοηθήσουν στην εξεύρεση πιθανών λύσεων του προβλήματος αυτού.

3.1.1 Η ΤΑΥΤΟΤΗΤΑ ΤΩΝ ΧΡΩΜΑΤΙΚΑ ΤΥΦΛΩΝ

Η **χρωματική τύφλωση** είναι μια ιδιαιτερότητα που παρουσιάζεται όταν ένα άτομο δεν μπορεί να αντιληφθεί ορισμένα χρώματα που οι άλλοι βλέπουν, κυρίως λόγω διαφόρων ανωμαλιών στα **κωνία** των ματιών[114]. Σύμφωνα με στατιστικά στοιχεία φαίνεται ότι πάνω από 9 εκατομμύρια άτομα στις Η.Π.Α έχουν προβλήματα με την όραση τους[115], ενώ στην Ευρώπη και την Βόρεια Αμερική περίπου ένας στους

---

[114] Τα κωνία μαζί με τα ραβδία που βρίσκονται στον αμφιβληστροειδή χιτώνα του ματιού ανάλογα με την φωτεινότητα που δέχονται, μεταδίδουν κάποια σήματα στο μάτι και δημιουργούν την όραση στον ανθρώπινο οργανισμό.

12 άντρες και μία στις 200 γυναίκες είναι χρωματικά τυφλοί! Η ιατρική διάγνωση της ιδιαιτερότητας αυτής κάποιες φορές αργεί διότι τα άτομα αυτά το ανακαλύπτουν μόνο όταν κάνουν κάποιες ιατρικές εξετάσεις που απαιτούνται για εισαγωγή σε σώματα ασφαλείας ή άλλες κατατακτήριες εξετάσεις.

Γενικά όταν ένας άνθρωπος μπορεί να δει τα βασικά χρώματα και συνδυασμούς αυτών ονομάζεται **τριχρωματικός**[116]. Από την άλλη οι χρωματικά τυφλοί ανάλογα με την αδυναμία τους στην όραση χρωμάτων, χωρίζονται σε 4 κατηγορίες:

➢ **1. Ανώμαλα Τριχρωματικοί**: Υπάρχει ένα μερίδιο των τριχρωματικών που μπορεί φυσικά να δει τα αντικείμενα κανονικά με βάση τα 3 χρώματα αλλά στους συνδυασμούς των 3 βασικών χρωμάτων το ένα από τα 3 χρησιμοποιείται περισσότερο απ'οτι πρέπει. Αυτό συμβαίνει γιατί πιθανών ένα από τα κωνία του ματιού να δέχεται μειωμένη ποσότητα χρώματος ή να είναι συντονισμένο να αντιλαμβάνεται ένα σπάνιο κύμα φωτός[117].

➢ **2. Διχρωματικοί**: Οι διχρωματικοί έχουν την ιδιαιτερότητα να βλέπουν τα αντικείμενα συνδυάζοντας μόνο τα 2 από τα 3 βασικά χρώματα γιατί τους λείπει ένα από τα 3 είδη κωνίων που είναι υπεύθυνο για την όραση ενός εκ των 3 βασικών χρωμάτων. Αυτός είναι ο λόγος για τον οποίο δεν μπορούν να δουν ορισμένες αποχρώσεις .

➢ **3. Μονοχρωματικοί**: Η συγκεκριμένη ομάδα δεν έχει καθόλου όραση χρώματος γιατί στον αμφιβληστροειδή χιτώνα του ματιού τους δεν υπάρχουν καθόλου κωνία αλλά μόνο **ραβδία**[118]. Γενικά είναι πολύ σπάνια περίπτωση[119] και το μόνο πράγμα που μπορούν να ξεχωρίσουν είναι το επίπεδο φωτεινότητας.

---

[115] U.S., Department of Commerce, Bureau of the Census, Statistical Abstracts Of The United States, Washington 1995, σελ. 141
[116] Οι άνθρωποι βλέπουν το χρώμα μέσω 3 συστημάτων χρωματικής αντίληψης (κόκκινο / πράσινο, κίτρινο / μπλε, μαύρο / άσπρο) για τα οποία χρησιμοποιούνται 3 διαφορετικά είδη κωνίων.
[117] Η όραση εξαρτάται από το είδος κύματος φωτός που αντιλαμβάνεται το κωνίο
[118] Τα ραβδία είναι ευαίσθητα σε μικρές ποσότητες φωτός και λειτουργούν κυρίως την νύχτα που δεν υπάρχει καλή όραση του χρώματος
[119] Περίπου ένα στα 10.000.000 άτομα

➢ **4. Αχρωματοψία**: Η αχρωματοψία είναι μια περίπτωση που οφείλεται σε εγκεφαλική βλάβη και όχι σε πρόβλημα με τα κωνία των ματιών. Είναι μια πάρα πολύ σπάνια περίπτωση και τα άτομα αυτά έχουν ελάχιστη ή μηδαμινή αίσθηση της απόχρωσης.

Αυτή λοιπόν είναι η ταυτότητα των χρωματικά τυφλών, μια ομάδα πληθυσμού που μας ενδιαφέρει άμεσα στην έρευνα μας γιατί έχουν μια ιδιαιτερότητα στην αντίληψη του χρώματος και το χρώμα αποτελεί βασικό στοιχείο για την κωδικοποίηση του διαφημιστικού μυνύματος[120]. Άραγε η δομή της παραδοσιακής διαφήμισης αποτελεί πρόβλημα για τους χρωματικά τυφλούς ; Ποια είναι τα προβλήματα που αντιμετωπίζουν[121];

3.1.2 ΤΟ ΠΡΟΒΛΗΜΑ ΤΗΣ ΔΙΑΦΗΜΙΣΗΣ

Το πρόβλημα της Διαφήμισης στους χρωματικά τυφλούς μπορεί να κατανοηθεί καλύτερα, αν εξετάσουμε το μοντέλο της επικοινωνιακής διαδικασίας που χρησιμοποιείται στην Διαφήμιση. Για την καλύτερη κατανόηση θα χρησιμοποιήσουμε το παρακάτω σχήμα:

Επικοινωνιακή Διαδικασία[122]

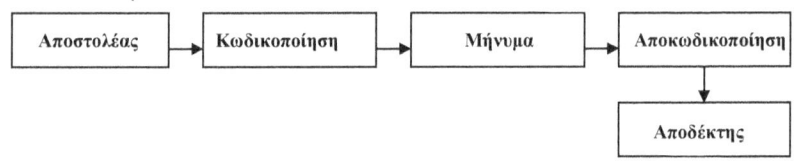

Το πρώτο επίπεδο στην διαδικασία είναι ο **αποστολέας**[123] που θέλει να πετύχει τους στόχους του προϊόντος επικοινωνώντας ένα διαφημιστικό μήνυμα προς το κοινό-στόχος. Ο αποστολέας λοιπόν δημιουργεί ερεθίσματα προς τον καταναλωτή τα οποία παρουσιάζονται υπό συμβολική μορφή και η διαδικασία αυτή λέγεται

---

[120] Caufman, C., Accessible Advertising For Visually-Disabled Persons: The Case Of Color-Deficient Consumers, Journal of Consumer Marketing , Volume 18, Number 4, New Jersey 2001, σελ. 304 - 305
[121] Baker, S. / Kaufman, C. / Gould, S., Dialogues With Visually Impaired And Color Blind Consumers: Psychological, Socio-Cultural, And Social Policy Perspectives On An Emerging Issue In Consumer Research , Advances In Consumer Research, Washington 1999, σελ. 412 – 413
[122] Ο πίνακας αυτός βασίζεται σε ανάλογο πίνακα που βρίσκεται στο βιβλίο : Kotler, P., Μάρκετινγκ Μάνατζμεντ ,Τόμος Β΄, Αθήνα 1991, σελ. 955
[123] Η Διαφημιστική Εταιρία

κωδικοποίηση. Ένα από τα ερεθίσματα που χρησιμοποιούνται είναι και το **χρώμα** που περιέχει συμβολική σημασία. Το σύνολο όλων των ερεθισμάτων υπό συμβολική μορφή ονομάζεται **μήνυμα** και μεταφέρεται από τα Μέσα Μαζικής Επικοινωνίας[124]. Στη συνέχεια το μήνυμα **αποκωδικοποιείται** από τον **αποδέκτη**[125], δηλαδή κάθε ερέθισμα του μηνύματος αποκτά νόημα για τον καταναλωτή.

Εδώ ακριβώς εντοπίζεται και το πρόβλημα της Διαφήμισης για τους χρωματικά τυφλούς, στο νόημα που λαμβάνουν από το ερέθισμα του χρώματος. Οι χρωματικά τυφλοί δεν μπορούν να αποδώσουν το επιθυμητό νόημα στο ερέθισμα του χρώματος γιατί πολύ απλά δεν μπορούν να δουν το συγκεκριμένο χρώμα καθόλου ή το βλέπουν ως διαφορετικό χρώμα. Άρα οι συνέπειες είναι ότι το διαφημιστικό μήνυμα διαστρεβλώνεται ή αγνοείται εντελώς από τον χρωματικά τυφλό καταναλωτή!

Για την εξέταση του θέματος, έγινε μία έρευνα[126] από την Kaufman Carol με στόχο μία πιο οργανωμένη συλλογή στοιχείων για τα προβλήματα που αντιμετωπίζουν οι χρωματικά τυφλοί σε σχέση με την διαφήμιση. Επειδή η εύρεση των χρωματικά τυφλών είναι δύσκολη, χρησιμοποιήθηκαν 3 διαφορετικοί τρόποι για να βρεθούν τα άτομα που τελικά πήραν μέρος στην έρευνα :

1. Έγινε αναζήτηση στο Internet[127] με την χρήση ηλεκτρονικού ταχυδρομείου και στάλθηκαν μηνύματα σε ομάδες συζητήσεων για τα προβλήματα της όρασης

2. Διάφορα ερωτηματολόγια δόθηκαν σε επιλεγμένους οφθαλμίατρους, οι οποίοι θα τα έδιναν σε ασθενείς χρωματικά τυφλούς.

3. Αντιπρόσωποι οπτικών ειδών, ενημερώθηκαν για το θέμα και διαμεσολάβησαν για την συμμετοχή χρωματικά τυφλών στην έρευνα

   Το δείγμα που συγκεντρώθηκε ήταν μια ομάδα 64 ατόμων, ηλικίας από 5 έως 81 ετών από τα οποία οι 52 ήταν άντρες και οι 12 γυναίκες. Η καταγωγή των ατόμων ήταν από τις Η.Π.Α καθώς και από διάφορες Ευρωπαϊκές χώρες. Όσο

---

[124] Ράδιο, τηλεόραση, τύπος και διαδίκτυο
[125] Ο καταναλωτής
[126] Kaufman, C., Accessible Advertising For Visually-Disabled Persons: The Case Of Color-Deficient Consumers, Journal of Consumer Marketing, Volume 18, Number 4, σελ. 303-318, New Jersey 2001
[127]K aufman, C., Accessible Advertising For Visually-Disabled Persons: The Case Of Color-Deficient Consumers, Journal of Consumer Marketing, Volume 18, Number 4, σελ. 303-318, New Jersey 2001

αφορά την επαγγελματική κατάσταση του δείγματος, ανάμεσα τους υπήρχαν επαγγέλματα όπως πωλητής, μαθητής, καθηγητής πανεπιστημίου, μηχανικός, κ.α.

Οι ερωτήσεις που τους δόθηκαν αφορούσαν τα προβλήματα που αντιμετωπίζουν οι χρωματικά τυφλοί με την Διαφήμιση και οι απαντήσεις που συγκεντρώθηκαν, χωρίστηκαν σε θεματικές ενότητες ανάλογα με επαναλαμβανόμενες λέξεις, φράσεις και νοήματα.

Τα κυριότερα προβλήματα που αντιμετωπίζουν οι χρωματικά τυφλοί είναι :

➤ **Δύσκολη αποκωδικοποίηση του μηνύματος (λέξεις σε χρωματιστό φόντο)**: Πολλές φορές κάποιες λέξεις οι οποίες εμφανίζονται σε χρωματιστό φόντο, χάνονται μέσα στο χρώμα του φόντου και ο θεατής δεν μπορεί να τις διαβάσει. Αυτή η κατάσταση οδηγεί τον χρωματικά τυφλό στο συμπέρασμα ότι η Διαφήμιση δεν μπορεί να τον προσεγγίσει και αδιαφορεί για το διαφημιστικό μήνυμα σε σημείο που να μην μπαίνει στον κόπο να αποκωδικοποιήσει το μήνυμα.

➤ **Διαστρεβλωμένη αποκωδικοποίηση του μηνύματος (διαστρεβλωμένα χρώματα) :** Πολλές φορές κάποια χρώματα εμφανίζονται στον χρωματικά τυφλό διαστρεβλωμένα, δηλαδή δεν ξεχωρίζονται εύκολα. Ένας παράγοντας που προκαλεί το πρόβλημα αυτό είναι ο φωτισμός. Δηλαδή όταν η διαφημιστική αφίσα που βρίσκεται εντός ή εκτός καταστήματος έχει λίγο φωτισμό, τότε ο χρωματικά τυφλός δεν διακρίνει τα σωστά χρώματα καθόλου ή τα βλέπει σαν διαφορετικά χρώματα. Άρα ο παραλήπτης του μηνύματος δεν είναι σε θέση να κατανοήσει πλήρως το επιθυμητό νόημα του ερεθίσματος και το μήνυμα φθάνει σε αυτόν διαστρεβλωμένο.

➤ **Πολύπλοκη κωδικοποίηση εμποδίζει την αποκωδικοποίηση (συνδυασμοί χρωμάτων):** Όταν στην κωδικοποίηση του μηνύματος χρησιμοποιούνται συνδυασμοί από δύο χρώματα και πάνω, τότε η δυσκολία αναγνώρισης χρώματος, εμποδίζει το έργο της αποκωδικοποίησης του μηνύματος από τους χρωματικά τυφλούς.

Η παρουσίαση των προβλημάτων που αντιμετωπίζουν οι χρωματικά τυφλοί, μας οδηγούν σε λογικά συμπεράσματα[128] και προτάσεις που πρέπει να ληφθούν υπ όψη από τον σύγχρονο επιχειρηματικό κόσμο.

Είναι φανερό ότι όταν γίνονται διάφορες έρευνες που αφορούν την συμπεριφορά του καταναλωτή[129], το δείγμα επιλέγεται με βάση δημογραφικά ή άλλα lifestyle[130] στοιχεία. Όμως παραμερίζονται οι ομάδες ατόμων με ιδιαιτερότητες κάτι το οποίο δεν είναι πολιτικά σωστό γιατί ο αριθμός των ατόμων αυτών είναι μεγάλος. Μια απάντηση πολιτικής επικοινωνίας[131] του προβλήματος αυτού, ήταν η δημιουργία νομοθεσιών όπως η A.D.A (Americans With Disabilities Act) για Αμερικανούς πολίτες με διάφορες ιδιαιτερότητες και η DDA (Disabilities Discrimation Act) στην Μεγ. Βρετανία. Η κίνηση αυτή όπως και οποιαδήποτε άλλη κίνηση που προέρχεται από το μακροπεριβάλλον[132] του επιχειρησιακού κόσμου, πρέπει να ευαισθητοποιήσει τις επιχειρήσεις που ασχολούνται με το Διεθνές Marketing και τις Διαφημιστικές Εταιρίες που δημιουργούν τα διαφημιστικά μηνύματα.

Μια από τις κατηγορίες των χρωματικά τυφλών, οι διχρωματικοί, μπορούν να προσεγγιστούν με συγκεκριμένες χρωματικές επιλογές. Όταν ένας σχεδιαστής θέλει να φαίνεται η διαφήμιση ίδια σε φυσιολογικούς αλλά και διχρωματικούς ανθρώπους, μπορεί να χρησιμοποιήσει χρώματα που διαφέρουν αρκετά στην λάμψη. Για τις ανάγκες της στρατηγικής αυτής, θα δημιουργήσουμε 4 κατηγορίες ανάλογα με την λάμψη του χρώματος:

➢ Μεγάλη Λάμψη: Άσπρο, Κίτρινο
➢ Μέση Λάμψη: Πράσινο, Ελαφρύ Γκρι, Κιτρινωπό Πορτοκαλί
➢ Μέση Σκοτεινότητα : Κόκκινο, Μωβ, Κοκκινωπό Πορτοκαλί

---

[128] Kaufman, C. :... σελ. 303-318
[129] Σιώμκος, Γ., Συμπεριφορά Καταναλωτή & Στρατηγική Μάρκετινγκ, Τόμος Α, Αθήνα – Πειραιάς 1994, σελ. 142 – 149
[130] Στοιχεία που αφορούν τον τρόπο ζωής του δείγματος , όπως το που διασκεδάζει, τι ρούχα φορά, κτλ.
[131] Ο ρόλος των πολιτικών ομάδων πίεσης περιγράφεται στο βιβλίο: McNair, B., Εισαγωγή Στην Πολιτική Επικοινωνία, Αθήνα 1998, σελ. 237 –268
[132] Τζωρτζάκης, Κ. / Τζωρτζάκη, Α., Μάρκετινγκ Μάνατζμεντ Η Ελληνική Προσέγγιση, Αθήνα 1996, σελ. 89 – 97

➤ Μεγάλη Σκοτεινότητα: Μαύρο, Μπλε

Αρχικά ο σχεδιαστής μπορεί να ξεκινήσει, βασιζόμενος σε 2 χρώματα με μεγάλη λάμψη και μεγάλη σκοτεινότητα αντίστοιχα, δηλαδή το λευκό και το μαύρο. Αν η μακέτα βασιστεί σε 3 χρώματα, τότε μπορεί να προστεθεί και ένα από τα μέσα χρώματα. Αναλόγως, σε μακέτα 4 χρωμάτων, θα προστεθεί ένα χρώμα με μέση λάμψη και ένα με μέση σκοτεινότητα. Αυτή είναι μια ενδιαφέρουσα μέθοδος αλλά το μοναδικό μειονέκτημα της είναι ο περιορισμός στην χρήση συγκεκριμένων χρωμάτων.

Ο τομέας που πρέπει κυρίως να προσεχθεί η χρήση χρώματος για τους χρωματικά τυφλούς, είναι ο χώρος του Direct Marketing[133]. Η αρχική μακέτα ίσως φανεί ιδανική στον γραφίστα της Διαφημιστικής Εταιρίας, όμως όταν παραδοθεί στο τυπογραφείο[134] τότε το αποτέλεσμα της τύπωσης μπορεί να μην είναι το αναμενόμενο. Δηλαδή πιθανών τα χρώματα να διαστρεβλωθούν και έτσι να καταστραφεί το έντυπο που ίσως είναι το κυριότερο όπλο του Direct Marketing. Επειδή λοιπόν ποτέ δεν μπορούμε να είμαστε σίγουροι για την απόδοση των χρωμάτων στην εκτύπωση, καλό θα είναι να φωτοτυπούμε την μακέτα σε ασπρόμαυρη φωτοτυπία. Εάν στην ασπρόμαυρη έκδοση υπάρχουν προβλήματα, όπως επικαλύψεις χρωμάτων, σκιές που δεν φαίνονται και άλλα, τότε το αποτέλεσμα της τελικής εκτύπωσης ίσως δημιουργήσει πρόβλημα στους χρωματικά τυφλούς. **Όσο πιο «καθαρή» είναι η ασπρόμαυρη εκτύπωση, τόσο λιγότερα προβλήματα θα αντιμετωπίσουν οι χρωματικά τυφλοί στην αποκωδικοποίηση του διαφημιστικού μηνύματος!**

[133] Τζωρτζάκης, Κ. / Τζωρτζάκη, Α., Μάρκετινγκ Μάνατζμεντ Η Ελληνική Προσέγγιση, σελ. 482, Αθήνα 1996
[134] Γκόμπλιας, Κ., Διαφημίζωντας , σελ. 275 – 288, Αθήνα 1991

3.2 ΣΥΜΠΕΡΙΦΟΡΑ ΚΟΙΝΩΝΙΚΩΝ ΟΜΑΔΩΝ

Μετά την σύνδεση χρώματος με την ανθρώπινη ψυχολογία και την επίδραση των βασικών χρωμάτων στον άνθρωπο ατομικά, είναι καιρός να μεγαλώσουμε το πεδίο μας και να αναφερθούμε σε σύνολο ανθρώπων. Σκοπός αυτής της ενότητας είναι η εξέταση της συμπεριφοράς διαφόρων κοινωνικών ομάδων απέναντι στο χρώμα.

Η **Εθνότητα** είναι μια κοινωνική ομάδα που τα χαρακτηριστικά της ενδιαφέρουν κυρίως τις επιχειρήσουν που επεκτείνουν τις δραστηριότητες τους και στο εξωτερικό. Οι **Συναισθητικοί** είναι μια κοινωνική ομάδα με περίεργη συμπεριφορά απέναντι στο χρώμα και είναι από τις δυσκολότερες καταναλωτικές ομάδες στην προσέγγιση τους. Το καταναλωτικό φύλο είναι ένα από τα κριτήρια τμηματοποίησης καταναλωτών πριν την εισαγωγή ενός προϊόντος στην αγορά, οπότε οι προτιμήσεις **ανδρών / γυναικών** απέναντι στο χρώμα σίγουρα ενδιαφέρει τις επιχειρήσεις.

3.2.1 ΕΘΝΟΤΗΤΕΣ

Το κάθε έθνος στις μέρες μας αποτελεί μια πολυπληθής κοινωνική ομάδα με τα δικά της ήθη και έθιμα και γενικά την δικιά της κουλτούρα. Αυτό σημαίνει πως η έμμεση ψυχολογικά επίδραση του χρώματος, είναι υποκειμενική για τον κάθε λαό και ενδιαφέρει τον σύγχρονο επιχειρηματία.

Τα κριτήρια[135] που επηρεάζουν την επιλογή χρώματος μεταξύ των εθνών είναι ποικίλα αλλά αξίζει ο κόπος να αναφέρουμε τα παρακάτω:

➢ **Ιστορικά**: Στην αρχαία Ρώμη οι δημόσιοι υπάλληλοι φορούσαν μπλε ρούχα, σήμερα η αστυνομία και άλλοι δημόσιοι υπάλληλοι φοράνε επίσης μπλε.
➢ **Γλωσσικά** : Σύμφωνα με την θεωρία της γλωσσικής σχετικότητας του Benjamin Whorf, η γλώσσα του καθενός τον περιορίζει σε αυτό που αντιλαμβάνεται. Για παράδειγμα η γλώσσα Shona στην Ζιμπάμπουε και η γλώσσα Boas στην Λιβερία δεν έχουν συγκεκριμένη λέξη που να ξεχωρίζει το κόκκινο από το πορτοκαλί[136]!

---

[135] Panigyrakis, G., A Systematic Approach to the Functional Use of Colour in Advertising, σελ. 181 – 224, Wales 1981

➤ **Καιρικές συνθήκες**: Ο ψυχολόγος E. R. Jaensch υποστηρίζει ότι αυτοί που ζούνε σε ζεστές κλιματικές ζώνες προτιμούν τα θερμά χρώματα και αυτοί που ζούνε σε λιγότερο ζεστές περιοχές, τα ψυχρά χρώματα

Με βάση διάφορους παράγοντες δημιουργήσαμε τον ακόλουθο πίνακα με χρωματικούς συμβολισμούς σε διάφορα έθνη

Πίνακας 4 Συμβολισμός Χρωμάτων σε Εθνότητες

ΧΡΩΜΑ	ΔΥΤ.ΕΥΡΩΠΗ ΚΑΙ Η.Π.Α	ΚΙΝΑ	ΙΑΠΩΝΙΑ	ΜΕΣΗ ΑΝΑΤΟΛΗ
ΚΟΚΚΙΝΟ	Κίνδυνος	Χαρά	Κίνδυνος	Κίνδυνος
ΚΙΤΡΙΝΟ	Δειλία	Τιμή	Ευλογία	Ευτυχία
ΠΡΑΣΙΝΟ	Ασφάλεια	Νεότητα	Νεότητα	Δύναμη
ΑΣΠΡΟ	Αγνότητα	Πένθος	Πένθος	Πένθος
ΜΠΛΕ	Ηρεμία	Δύναμη	Κακοήθια	–
ΜΑΥΡΟ	Κακό	Κακό	Κακό	Κακό

Το γεγονός ότι το ίδιο χρώμα μπορεί να έχει διαφορετική σημασία από έθνος σε έθνος, δημιουργεί σκέψεις στον σύγχρονο επιχειρηματία. Τα διαφορετικά νοήματα είναι δυνατόν να απαιτούν μια **τροποποίηση στο ίδιο το διαφημιστικό μήνυμα**[137] **ή στην συσκευασία**. Στόχος λοιπόν είναι η προσεκτική επιλογή του χρώματος ώστε το χρώμα που θα χρησιμοποιηθεί στην τοπική αγορά **να μην έχει αρνητικό συμβολισμό στην χώρα που θα γίνει η** εξαγωγή.

Η εταιρία John Player είχε μια πλήρη αποτυχία όταν παρουσίασε τα τσιγάρα **Player** στην αγορά του Χονκ – Κονγκ με την κλασσική τους συσκευασία, ένα μαύρο κουτί με χρυσό περίγραμμα. Δεν έλαβαν υπόψη ότι το μαύρο στην χώρα αυτή συμβολίζει την κακοτυχία κι έτσι το προϊόν πήγε πολύ άσχημα από άποψη πωλήσεων[138]. Μια άλλη Βρετανική τράπεζα για να ιδρύσει υποκατάστημα στην Σιγκαπούρη,

---

[136] Η έκθεση του ανθρώπινου οργανισμού στο πορτοκαλί προκαλεί υπηλία
[137] Kotler, Ph., Μάρκετινγκ Μάνατζμεντ, Τόμος Β, σελ. 964-965, Αθήνα 1991
[138] Η αποτελεσματικότητα των πωλήσεων εξαρτάται και από την διαμόρφωση της τιμής πώλησης: Μαυρουλέας, Ν., Τεχνική Λιανικών Πωλήσεων, σελ. 181 – 182, Αθήνα – Πειραιάς 1994

έπρεπε να προσαρμόσει τα χρώματα της ταυτότητας της που είναι μπλε και πράσινο, διότι το πράσινο στην Σιγκαπούρη ταυτίζεται με τον θάνατο. Βέβαια υπάρχει και η **Coca Cola** η οποία χρησιμοποιεί το κόκκινο χρώμα σαν σήμα κατατεθέν σε οποιαδήποτε χώρα κι αν γίνει εξαγωγή του προϊόντος.

Γενικά οι εταιρίες που σκέφτονται να επεκτείνουν την παραγωγή τους στο εξωτερικό θα πρέπει να **μελετούν καλά τα ανταγωνιστικά προϊόντα στις χώρες εξαγωγής** και ίσως **να χρησιμοποιούν παράλληλες αποχρώσεις** στην συσκευασία. Η μελέτη αυτή θα αποτρέψει πιθανή αποτυχία της εξαγωγής και είναι απαραίτητο να γίνει όσο χρόνο κι αν διαρκέσει.

Μια άλλη παράμετρος θα είναι να χρησιμοποιήσουν **χρώματα που περιλαμβάνονται στην σημαία της χώρας** εξαγωγής τα οποία σίγουρα θα έχουν θετικό νόημα και δεν πρόκειται να επιδράσουν αρνητικά στο προϊόν.

Τέλος μπορούν να ανατρέχουν σε διάφορες μελέτες όπως η παρούσα ή να **ψάχνουν στο Διαδίκτυο για έρευνες** που έχουν γίνει σε σχέση με το χρώμα σε διαφορετικά έθνη.

3.2.2 ΣΥΝΑΙΣΘΗΤΙΚΟΙ

Τα συναισθητικά άτομα[139] είναι μια ιδιαίτερη περίπτωση κοινωνικής ομάδας που έχει μια περίεργη σχέση με το χρώμα, μπορεί να ακούει – να αισθάνεται – να γεύεται το χρώμα[140]! Θα ασχοληθούμε με την συγκεκριμένη κοινωνική ομάδα γιατί πιστεύω ότι είναι μια περίεργη καταναλωτική ομάδα, ας πάρουμε όμως τα πράγματα από την αρχή:

Η λέξη **συναισθησία** προέρχεται από το *συν* και την *αίσθηση*, δηλαδή ένωση αισθήσεων. Σαν ορισμός θα μπορούσαμε να πούμε ότι είναι **όταν ένα ερέθισμα παραλαμβάνεται από μία αίσθηση και προκαλεί μια εμπειρία μέσω κάποιας άλλης αίσθησης.** Δηλαδή ένα άτομο μπορεί να ακούει έναν συγκεκριμένο ήχο (ερέθισμα προς την αίσθηση της ακοής) και να βλέπει μπροστά του ένα συγκεκριμένο

---

[139] Αρκετές πληροφορίες για τα συναισθητικά άτομα και τις εμπειρίες τους υπάρχουν στην ιστοσελίδα - http://www.ncu.edu.tw/~daysa/syn-experiences.htm
[140] Η συναισθησία έχει διάφορες μορφές εκτός από την ιδιαιτερότητα του χρώματος, όμως εμείς θα εξετάσουμε την συναισθησία πάνω στο χρώμα

51

χρώμα (εμπειρία μέσω της αίσθησης της όρασης). Είναι επίσης δυνατόν να βλέπει ή να ακούει κάποια λέξη και να του έρθει στο μυαλό η λέξη με διαφορετικό χρώμα το κάθε γράμμα. Υπολογίζεται ότι το ποσοστό των συναισθητικών είναι μεγαλύτερο απ' ότι πίστευαν παλαιότερα οι επιστήμονες, υπολογίζεται σε 1 ανά 2000 άτομα πληθυσμού.

Οι **Lucy Burt** και **Smith-Laittan**, μαθητές στο Πανεπιστήμιο Cambridge πραγματοποίησαν μια έρευνα που αφορά συναισθητικούς. Βάλανε αγγελίες στις εφημερίδες The Varsity και The Cambridge Evening News και βρέθηκαν 26 συναισθητικά άτομα που απάντησαν σε συγκεκριμένο ερωτηματολόγιο. Τις περισσότερες φορές, το **χρώμα των λέξεων επηρεάστηκε από την απόχρωση του κάθε γράμματος ξεχωριστά**. Επίσης το ένα τρίτο των ατόμων είχαν στενούς συγγενείς συναισθητικούς, συγκεκριμένα σε 6 οικογένειες υπήρχαν τουλάχιστον 2 άτομα με αυτή την ιδιαιτερότητα. Άρα αν και το δείγμα είναι μικρό[141], ίσως υπάρχει η πιθανότητα να είναι **κληρονομική** αυτή η ιδιαιτερότητα. Το άλλο χαρακτηριστικό είναι ότι ίσως **η συναισθησία είναι πιο συχνή σε γυναίκες** γιατί στην έρευνα εμφανίζονται 3 μητέρες που είχαν αυτή την ιδιαιτερότητα και την μετέδωσαν στις κόρες τους. Το κοινό αυτό δεν είναι εύκολο να το βρούμε στην καθημερινή μας συναναστροφή, επίσης **η παραδοσιακή διαφημιστική προσέγγιση τους είναι δύσκολη**.

Το κοινό αυτό δεν είναι εύκολο να το βρούμε στην καθημερινή μας συναναστροφή, επίσης **η παραδοσιακή διαφημιστική προσέγγιση τους είναι δύσκολη**. Αυτό συμβαίνει γιατί τα χρώματα των συσκευασιών ή έντυπων διαφημίσεων μπορεί να μην σημαίνουν τίποτα για αυτούς και η δημιουργία ξεχωριστών διαφημίσεων για το κοινό αυτό δεν είναι συμφέρουσα. Όμως στο Διαδίκτυο είναι αρκετά έντονη η παρουσία τους, έχουν ιδρύσει διάφορες ηλεκτρονικές κοινότητες (communities) και ανεπίσημους εθνικούς φορείς. Μπορούμε λοιπόν να δημιουργήσουμε ένα web site σε **συναισθητικές αποχρώσεις** που δεν ενοχλούν τα άτομα αυτά και να ξεκινήσουμε **εφαρμογές ηλεκτρονικού εμπορίου**. Δηλαδή μπορούμε να προχωρήσουμε σε πώληση βιβλίων για την

---

[141] Το μέγεθος του δείγματος είναι ένα από τα πιο πολυσυζητημένα θέματα στην έρευνα: Τηλικίδου, Ε., Έρευνα Μάρκετινγκ, σελ. 108, Θεσ/νίκη 1999

συναισθησία, albums συναισθητικών καλλιτεχνών, gallery με πίνακες συναισθητικών, ρούχα, κτλ.

3.2.3 ΕΠΙΔΡΑΣΗ ΦΥΛΟΥ

Εξετάζοντας την συμπεριφορά διαφόρων κοινωνικών ομάδων απέναντι στο χρώμα, θα αναλύσουμε και **την συμπεριφορά των 2 διαφορετικών φύλων**. Η διαφοροποίηση που θα αποδείξουμε ότι υπάρχει μεταξύ τους είναι σημαντική και θα βοηθήσει τον επιχειρησιακό κόσμο.

Στο παρελθόν έχουν γίνει διάφορες μελέτες που αφορούν την **ενδεχόμενη διαφορά στην προτίμηση χρώματος μεταξύ αντρών και γυναικών**[142]. Ο **Dorcus** το 1926 ανακάλυψε ότι το κίτρινο είχε μια υψηλότερη αξία επίδρασης για τους άντρες σε σύγκριση με τις γυναίκες και ο **St.George** το 1938 ότι το χρώμα μπλε είναι περισσότερο αποδεκτό στους άντρες παρά στις γυναίκες .Άλλη μία έρευνα που έγινε νωρίτερα από τον **Jastrow** το 1897 βρήκε ότι οι άντρες προτιμούν το μπλε από το κόκκινο και οι γυναίκες το κόκκινο από το μπλε.

Με αφορμή αυτά τα ερεθίσματα, η Natalia Khouw έκανε μια έρευνα με τίτλο **Gender and the Meaning of Color in Interior Environments** και έχει ορισμένα ενδιαφέροντα στοιχεία. Ας πάρουμε τα πράγματα από την αρχή:

Οι 6 χρωματικές παλέτες που επίσης χρησιμοποιήθηκαν στο μοντέλο των Guerin, Park και Yang το 1995143 για να μετρήσουν το νόημα του χρώματος στο περιβάλλον εσωτερικού χώρου, μπήκαν σε έναν Η/Υ. Ο Η/Υ οποίος παρήγαγε slides που απεικόνιζαν εικονικό (φτιαγμένο από τον Η/Υ) εσωτερικό χώρο και τα slides βασιζόταν σε χρώματα από 6 διαφορετικές παλέτες, έτσι δημιουργήθηκαν 6 διαφορετικοί εσωτερικοί χώροι.:

➤ Χώρος 1 σε ψυχρές αποχρώσεις, χαμηλή ποσότητα χρώματος και υψηλό κοντράστ
➤ Χώρος 2 σε θερμές αποχρώσεις, υψηλή ποσότητα χρώματος και υψηλό κοντράστ

[142] Eysenck, J., A Critical And Exprimental Study Of Color Preferences, American Journal Of Psychology, 54, σελ. 385-394, Illinois 1941
[143] Guerin, D. A., Park, Y., & Yang, S. (1995). Development of an instrument to study the meaning of color in interior environments. Journal of Interior Design, 20 (2) σελ. 31-41, Colorado 1995

➢ Χώρος 3 σε θερμές αποχρώσεις, μέση ποσότητα χρώματος και χαμηλό κοντράστ
➢ Χώρος 4 σε ουδέτερες αποχρώσεις, χαμηλή ποσότητα χρώματος και υψηλό κοντράστ
➢ Χώρος 5 σε ψυχρές αποχρώσεις, υψηλή ποσότητα χρώματος και μέσο κοντράστ
➢ Χώρος 6 σε θερμές αποχρώσεις , μέση ποσότητα χρώματος και μέσο κοντράστ

Στη συνέχεια δόθηκε ένα ερωτηματολόγιο[144] με 21 λέξεις και οι ερωτώμενοι έπρεπε να απαντήσουν κατά πόσο πίστευαν ότι κάποια από αυτές τις λέξεις χαρακτηρίζει το περιβάλλον. Ο κάθε χαρακτηρισμός θα βαθμολογηθεί με **0** αν ο ερωτώμενος πιστεύει ότι δεν ισχύει και με **5** αν νομίζει ότι ισχύει.

Πίνακας 6 Λέξεις Που Χαρακτηρίζουν Τον Εσωτερικό Χώρο

Ευχάριστος	Ευσπρόδεκτος	Ενθουσιώδης
Ήρεμος	Άνετος	Ελκυστικός
Ακριβός	Μετριόφρων	Σύνθετος
Ανοιχτός	Πολύπλοκος	Συντονισμένος
Ευρύχωρος	Ταξινομημένος	Ενωμένος
Μπερδεμένος	Ευάερος	Ανεπίσημος
Ποικίλος	Μεθοδικός	Πλούσιος

Ανάλογα με τις απαντήσεις που δόθηκαν, αυτές χωρίστηκαν σε απαντήσεις αντρών & απαντήσεις γυναικών. Έπειτα με βάση την σχέση που υπάρχει μεταξύ των χαρακτηρισμών, δημιουργήθηκαν 3 παράγοντες τμηματοποίησης[145] :

Παράγοντας Διαβίωσης: Ευχάριστος, άνετος, ευσπρόδεκτος, ήρεμος, ευάερος, ευρύχωρος, ανεπίσημος, ανοιχτός, μετριόφρων, ελκυστικός

Παράγοντας Οργάνωσης: Ταξινομημένος, ενωμένος, συντονισμένος, μεθοδικός σύνθετος, ακριβός, πλούσιος

Παράγοντας Σύμπτωσης: Ενθουσιώδης, ποικίλος, πολύπλοκος, μπερδεμένος

---

[144] Τηλικίδου, Ειρ., Έρευνα Μαρκετινγκ, σελ. 120 –136, Θεσσαλονίκη 1999
[145] Η τμηματοποίηση είναι ένα από τα ισχυρότερα εργαλεία του Marketing και χρησιμοποιείται επειδή όλοι οι άνθρωποι δεν είναι ίδιοι αλλά έχουν διαφορετικές ανάγκες. Ανάλογα με τις ανάγκες τους, χωρίζονται σε διαφορετικά καταναλωτικά τμήματα.

Συμπεράσματα

Ανάλογα με τα χρώματα που περιέχει κάθε εσωτερικός χώρος και τις προτιμήσεις των φύλων για αυτούς, μπορούμε να βγάλουμε ορισμένα χρήσιμα συμπεράσματα.

Ο εσωτερικός χώρος 5 με τις θερμές αποχρώσεις, την υψηλή ποσότητα χρώματος και το μέσο κοντράστ, βρέθηκε να έχει την μεγαλύτερη απόκλιση από τις απόψεις των 2 φύλων και θεωρείται ευνοϊκότερος από τους άντρες σε σχέση με τις γυναίκες που θεώρησαν ότι υπήρχε υψηλό κοντράστ. **Αυτός ο χρωματικός συνδυασμός θα πρέπει να αποφεύγεται σε χώρο εργασίας**[146] **που είναι αρκετές γυναίκες**[147].

Ο εσωτερικός χώρος 3 με τις θερμές αποχρώσεις, την μέση ποσότητα χρώματος και το υψηλό κοντράστ, βαθμολογήθηκε από τις γυναίκες με υψηλότερο ποσοστό σαν παράγοντας διαβίωσης. **Αυτό ίσως δώσει το ερέθισμα στους σχεδιαστές βιτρινών**[148]**, να χρησιμοποιήσουν τους συγκεκριμένους χρωματικούς συνδυασμούς σε βιτρίνες γυναικείων ειδών**.

3.3 ΧΡΩΜΑ ΚΑΙ ΕΠΙΧΕΙΡΗΣΙΑΚΟ ΠΕΡΙΒΑΛΛΟΝ

Το χρώμα εκτός από στοιχείο προβολής των προϊόντων μπορεί να αποκτήσει και διαφορετικούς ρόλους μέσα στην επιχείρηση. Αρχικά, η χρήση του Χρωμο – Τεστ που βασίζεται στην επιλογή χρωμάτων μπορεί να αποκαλύψει τα στοιχεία προσωπικότητας για το άτομο και να βοηθήσει σε διαδικασίες προσλήψεων ή αξιολόγησης για πιθανή προαγωγή.

Επίσης μια άλλη χρήση του Χρωμο – Τεστ είναι η αξιολόγηση του ατόμου για την αποτελεσματικότητα στην εργασία του. Τα πιθανά προβλήματα ή προσωπικές επιδιώξεις που θα προκύψουν από την εξέταση, θα αποκαλύψουν στον υπεύθυνο προσωπικού τις δυνατότητες κάθε εργαζομένου.

---

[146] Ιορδανίδης, Π. / Μπέρος, Π. Υγιεινή Και Ασφάλεια Εργαζομένων, Αθήνα 1991
[147] Π.χ. καταστήματα πώλησης γυναικείων ρούχων
[148] Μαυρουλέας, Ν., Τεχνική Λιανικών Πωλήσεων, σελ.152-153, Αθήνα – Πειραιάς 1994

Τέλος, ένας όχι και τόσο γνωστός ρόλος του χρώματος είναι η εξοικονόμηση ενέργειας. Δηλαδή βασιζόμενοι στην θεωρία του χρώματος μπορούμε να επηρεάσουμε την πραγματική θερμοκρασία και την «αίσθηση θερμοκρασίας »για έναν χώρο.

3.3.1 ΧΡΩΜΟ ΤΕΣΤ

Η επιλογή του προσωπικού[149] που θα εργαστεί στην επιχείρηση είναι ένα από τα σημαντικότερα καθήκοντα της διοίκησης και θα επηρεάσει πρώτα σε ατομικό επίπεδο το ίδιο το άτομο και έπειτα σε συλλογικό επίπεδο την επιχείρηση. Αυτό συμβαίνει επειδή ο βασικότερος παράγοντας για την απόδοση ενός ατόμου είναι αν του αρέσει αυτό που κάνει. Η αγάπη του εργαζόμενου για την δουλειά του, θα τον κάνει ευτυχισμένο και φυσικά πιο αποδοτικό για την επιχείρηση. Εάν συμβαίνει το αντίθετο, τότε ο εργαζόμενος και η επιχείρηση θα βρεθούν ζημιωμένοι σε χρόνο και χρήμα αντίστοιχα.

Ο ρόλος της επιχείρησης είναι αρκετά δύσκολος γιατί καλείται να προβλέψει την μελλοντική συμπεριφορά του ατόμου βασιζόμενη σε σημερινά στοιχεία που πιθανόν να αλλάξουν αργότερα. Οπότε πρέπει τα κριτήρια επιλογής να είναι όσο το δυνατόν πιο κατατοπιστικά για τον εργαζόμενο. Η διαδικασία που χρησιμοποιείται συνήθως είναι πρώτα η παραλαβή **βιογραφικού** που δείχνει την ικανότητα του ενδιαφερόμενου να μπορεί να βάλει σε τάξη τις σκέψεις του και να προβάλλει τον εαυτό του. Έπειτα ακολουθεί η **συνέντευξη** που μας δίνει την δυνατότητα να δούμε το άτομο οπτικά και να έχουμε μια πιο ολοκληρωμένη άποψη. Το τρίτο και καθοριστικό στάδιο είναι η υποβολή σε **τεστ** που δείχνουν τις πτυχές της προσωπικότητας του ατόμου, οι οποίες δεν φάνηκαν στα δύο προηγούμενα στάδια.

Το **Χρωμο Τεστ** του Dr. Max Lusher[150] είναι ένα τεστ προσωπικότητας[151] που δίνει διάφορες πληροφορίες για την συνειδητή και ασυνείδητη ψυχολογική δομή του ατόμου, τις περιοχές ψυχικής έντασης και άλλες πολύτιμες πληροφορίες για τον υπεύθυνο προσλήψεων ανθρωπίνου δυναμικού. Υπάρχουν διάφορες παραλλαγές του τεστ, η πιο διαδεδομένη χρησιμοποιεί 8 έγχρωμες κάρτες διαφόρων χρωμάτων.

[149] Ζευγαρίδης, Σπ., Σταματιάδης, Γ., Διοίκηση & Εποπτεία Προσωπικού, σελ.158-179, Αθήνα 1997
[150] Λουσερ, Μ., Χρωμο Τεστ, σελ. 25 – 28, Αθήνα 1978
[151] Νασιάκου, Μ. / Μαράτου, Ο. / Ναυρίδης, Κ. / Δραγώνα, Θ. / Τέττερη Ι., Ψυχολογία – Β΄ Τάξη Γενικού Λυκείου, Ψυχαναλυτικές Θεωρίες Για Την Προσωπικότητα, σελ. 93 –96, Αθήνα 1995

➢ Οι κάρτες ανακατεύονται και δίνονται στον υποψήφιο με την προϋπόθεση ότι δεν πρέπει να συνδέσει το κάθε χρώμα με ένα υλικό αντικείμενο όπως ένα ρούχο, ένα αυτοκίνητο, κτλ.

➢ Το άτομο διαλέγει ένα χρώμα για το οποίο αισθάνεται έλξη και τοποθετεί την κάρτα πάνω κι αριστερά των υπολοίπων με το χρώμα προς τα κάτω

➢ Στην συνέχεια επιλέγει το χρώμα που του αρέσει περισσότερο από τα εναπομείναντα χρώματα και το τοποθετεί δεξιά από το προηγούμενο. Αυτή η διαδικασία γίνεται μέχρι να συμπληρωθούν και τα 8 χρώματα

➢ Διαβάζουμε τους αριθμούς που εμφανίζονται στο πίσω μέρος της κάρτας από αριστερά προς τα δεξιά και τους σημειώνουμε σε ένα κομμάτι χαρτί.

➢ Στη συνέχεια ανακατεύονται οι κάρτες για άλλη μια φορά και λέμε στον υποψήφιο να επιλέξει πάλι χρώματα χωρίς να προσπαθήσει να θυμηθεί τι διάλεξε προηγουμένως.

➢ Αφού επαναλαμβάνεται η διαδικασία, έχουμε δύο διαφορετικές επιλογές χρωμάτων με αντιστοιχίες αριθμών[152].

➢ Τέλος συγκρίνουμε την σειρά των χρωμάτων με ειδικούς πίνακες που ειδικούς πίνακες που δείχνουν την αναλογία σειράς χρωμάτων με συγκεκριμένα ψυχικά χαρακτηριστικά.

Το τεστ αυτό μπορεί να αποκαλύψει πτυχές του ατόμου οι οποίες δείχνουν πόσο εύκολη ή δύσκολη θα είναι η προσαρμογή του στο επιχειρησιακό περιβάλλον[153].

Μια άλλη χρήση του Χρωμο Τεστ είναι η **αξιολόγηση στελεχών για την προαγωγή τους**. Μέσα από το Χρωμο Τεστ δημιουργείται ένα ψυχολογικό προφίλ που περιλαμβάνει την παρούσα κατάσταση, πηγές έντασης, απωθημένα χαρακτηριστικά, επιθυμητό στόχο και πραγματικά προβλήματα του ατόμου[154]. Τα στοιχεία αυτά θα συνδυαστούν και θα αξιολογηθούν από τα διευθυντικά στελέχη σε συνεργασία με έναν ψυχολόγο[155]. Αν κριθεί ότι ο υποψήφιος θα μπορέσει να

---

[152] Η σχέση χρώματος και αριθμών επίσης εξετάζεται στην έρευνα: Berlin, C., When Students Imagine In Color, Harvard 1998
[153] Παράγοντες όπως η ομαδικότητα και η κοινωνικότητα είναι σημαντικοί στο περιβάλλον εργασίας
[154] Λουσερ, Μ., Χρωμο Τεστ, σελ.100 – 108, Αθήνα 1978
[155] Ο ρόλος του ψυχολόγου στην Ελληνικές επιχειρήσεις δυστυχώς σπανίζει παρά το ότι ο ρόλος του είναι καθοριστικός σε αρκετά θέματα.

ανταποκριθεί σε μελλοντικές προκλήσεις της νέας θέσης χωρίς ιδιαίτερα προβλήματα, τότε η διαδικασία της προαγωγής θα προχωρήσει κανονικά.

3.3.2 ΕΡΓΑΣΙΑ ΚΑΙ ΕΞΑΝΤΛΗΣΗ

Στην προηγούμενη ενότητα ανακαλύψαμε τον σημαντικό ρόλο του Χρωμο Τεστ στην διαδικασία πρόσληψης αλλά και προαγωγής[156] ενός ατόμου. Η ψυχολογική βάση την οποία έχει το τεστ   βοηθά και **στην αξιολόγηση**[157] **του εργαζόμενου σε σχέση με την απόδοση του στην παραγωγή**[158]. Όπως θυμόμαστε από την προηγούμενη ενότητα, το Χρωμο – Τεστ βασίζεται στην επιλογή χρωμάτων από τον υποψήφιο και η σειρά των χρωμάτων αποκωδικοποιείται   σε ψυχολογικές αναλύσεις.

Τα χρώματα: **κόκκινο**, **πράσινο**, **κίτρινο** ονομάζονται **ομάδα εργασίας** και δείχνουν την ικανότητα ενός ατόμου να διατηρεί την μέγιστη αποτελεσματικότητα του για μεγάλα χρονικά διαστήματα. Ο ρόλος αυτών των χρωμάτων στην διατήρηση της αποδοτικότητας έχει ως εξής:

➢ **Κόκκινο -** Παρέχει αυθόρμητη απόλαυση της δράσης , την αποτελεσματικότητα και ικανοποίηση που δημιουργείται από την διαμόρφωση του πράγματος όπως εμείς το θέλουμε.

➢ **Πράσινο -** Προσφέρει ελαστικότητα βούλησης με την οποία ο άνθρωπος επιμένει στην δουλειά του παρά τα εμπόδια και τις δυσκολίες που μπορεί να συναντήσει. Με όπλο την επιμονή του θα μπορέσει να πετύχει τον σκοπό του και να τονωθεί η αυτοεκτίμηση του που είναι ιδιαίτερα σημαντική για τον ίδιο.

➢ **Κίτρινο –** Παρέχει την ικανότητα αυτοπροβολής και την προσδοκία για νέες ενδιαφέρουσες εργασίες αμέσως μετά το τέλος της προηγούμενης

Στο Χρωμο   Τεστ λοιπόν είναι ιδανικό η ομάδα των 3 χρωμάτων να επιλέγεται όσο το δυνατόν νωρίτερα[159].Όταν αυτά τα χρώματα είναι μαζί τότε δείχνουν ότι η εργασία θα πετύχει εφόσον βέβαια ο εργαζόμενος ενδιαφέρεται πραγματικά να κάνει αυτή την δουλειά[160]. **Ανάλογα με το χρώμα που επιλέγεται**

---

[156] Ζευγαρίδης, Σ. / Σταματιάδης, Γ., Διοίκηση & Εποπτεία Προσωπικού, σελ. 342 – 345, Αθήνα 1997
[157] Καρανάσιος, Π., Αρχές Διοίκησης Επιχειρήσεων, σελ. 187 –189, Αθήνα 1994
[158] Τσιότρας, Γ., Βελτίωση Ποιότητας, σελ. 34 – 35, Αθήνα 2000
[159] Όπως αναφέραμε έχει σημασία η σειρά κατάταξης των χρωμάτων

πρώτο στη σειρά από την ομάδα εργασίας, φαίνονται οι προσωπικοί στόχοι[161] του εργαζόμενου.

Το **πράσινο στην πρώτη θέση** σημαίνει ότι ο στόχος του είναι η μεγιστοποίησης της αυτοεκτίμησης[162] του και να εδραιώσει την θέση του απέναντι στους άλλους. **Το κόκκινο στην πρώτη θέση** σημαίνει πως ο στόχος του είναι να νιώσει την χαρά της νίκης σε μία πρόκληση που αποφάσισε να αντιμετωπίσει. **Το κίτρινο σε πρώτη θέση** δείχνει ότι τον ενδιαφέρει η αυτοπροβολή σε τομέα οικείο προς αυτόν.

Όταν τα 3 χρώματα είναι μαζί στην επιλογή χρώματος, τότε όλα πάνε καλά και δεν υπάρχει κανένα πρόβλημα. Όμως **η διάσπαση της ομάδας δείχνει ότι ίσως η εργασία που κάνει το άτομο δεν είναι η κατάλληλη για αυτόν**. Συγκεκριμένα όταν οπισθοχωρεί το κόκκινο τότε έχουμε φυσική εξάντληση[163] και απώλεια ενέργειας. Η οπισθοχώρηση του πράσινου σημαίνει μείωση της επιμονής για συνέχιση της εργασίας. Τέλος η οπισθοχώρηση του κίτρινου ταυτίζεται με μείωση της ικανοποίησης από το είδος εργασίας που κάνει.

3.3.3 ΕΞΟΙΚΟΝΟΜΗΣΗ ΕΝΕΡΓΕΙΑΣ

Όταν βλέπουμε ένα αντικείμενο με χρώμα, στην ουσία βλέπουμε την αντανάκλαση φωτός από το αντικείμενο αυτό. Δηλαδή το αντικείμενο απορροφά συγκεκριμένη ποσότητα / ποιότητα φωτισμού και αντανακλά κάποια άλλη, η αντανάκλαση αυτή αποκωδικοποιείται από το ανθρώπινο μάτι ως χρώμα. Επειδή το φως έχει θερμότητα, οπότε το κάθε χρώμα περιέχει συγκεκριμένη ποσότητα θερμότητας (φωτισμού).

Στο Τέξας έχει παρατηρηθεί ότι μια ηλιόλουστη μέρα 32 βαθμών Κελσίου , μια λευκή οροφή είχε θερμοκρασία 43,3 βαθμούς, μια στέγη αλουμινίου 60 βαθμούς

---

[160] Ο καταμερισμός εργασίας πρέπει να γίνει μετά την διαδικασία της πρόσληψης
[161] Συνήθως οι προσωπικοί στόχοι του εργαζόμενου σχετίζονται με τις ανάγκες που έχει ικανοποιήσει μέχρι στιγμής, η ιεραρχία των αναγκών φαίνεται στην κλίμακα αναγκών του Abraham Maslow: Σταματιάδης, Γ. / Ζευγαρίδης Σ., Διοίκηση & Εποπτεία Προσωπικού, σελ. 28 –29, Αθήνα 1997
[162] Αν δεν καταφέρει να ικανοποιήσει την ανάγκη για αυτοεκτίμηση, οδηγείται στην απογοήτευση και ίσως αργότερα στην απάθεια
[163] Η φυσική εξάντληση επιβραδύνει τις αντιδράσεις και μειώνει την οξύτητα των αισθήσεων

και μια μαύρη στέγη 87,8 βαθμούς. Αυτό εξηγείται επειδή το μαύρο χρώμα απορροφά όλες τις ακτινοβολίες[164] , άρα και περισσότερη θερμότητα. **Τα σκούρα χρώματα λοιπόν διατηρούν περισσότερη θερμότητα ενώ τα ανοιχτά (π.χ. άσπρο) λιγότερη** .

Όλα αυτά είναι πολύ ενδιαφέροντα αλλά τίθεται το ερώτημα, τι σχέση έχουν με την επιχείρηση; Κι όμως, μια έρευνα που έγινε στην Φλόριντα των Η.Π.Α. ανακάλυψε ότι η αυξάνοντας τη αντανάκλαση θερμοκρασίας με κατάλληλα χρώματα, οι κάτοικοι μείωσαν τα έξοδα κλιματισμού[165] του χώρου κατά 23%. Γιατί λοιπόν να μην χρησιμοποιηθεί η ίδια τακτική και στις επιχειρήσεις όπου τα έξοδα[166] ενέργειας είναι σαφώς μεγαλύτερα από ότι στα νοικοκυριά;

Όσο λοιπόν πιο ανοιχτό είναι το χρώμα αντανακλά περισσότερη ποσότητα φωτός, ενώ τα σκούρα χρώματα απορροφούν περισσότερο φως και αντανακλούν λιγότερο. **Η φωτεινότητα του χρώματος** μπορεί να έχει εφαρμογή στους εργασιακούς χώρους που βρίσκονται περιτριγυρισμένοι από ψηλά κτήρια και δεν έχουν πρόσβαση στον ήλιο. Εάν για τους τοίχους χρησιμοποιηθούν ανοιχτά χρώματα τότε η φωτεινότητα των χρωμάτων θα μειώσει τα έξοδα ηλεκτρικού φωτισμού για την επιχείρηση. Περισσότερες πληροφορίες μπορούμε να πάρουμε από τις εταιρίες κατασκευής χρωμάτων. Υπάρχει ένας δείκτης που ονομάζεται **Αξία Αντανάκλασης Φωτός** και μας πληροφορεί την ποσότητα φωτός που αντανακλά κάθε χρώμα.[167]. Όσο μεγαλύτερη είναι αυτή η αξία τόσο λιγότερο τεχνητό φως[168] χρειαζόμαστε, όμως πρέπει να είμαστε ιδιαίτερα διακριτικοί γιατί η μεγάλη ποσότητα ανοικτού χρώματος προκαλεί ερεθισμό στα μάτια, ένταση και κουράζει τον εργάτη[169].

Εκτός από την εκπομπή φωτεινότητας, το χρώμα έχει την ιδιότητα **να επηρεάζει την αντίληψη θερμοκρασίας**. Έρευνες που έχουν γίνει, δείχνουν ότι οι άνθρωποι που βρίσκονται σε δωμάτια με ψυχρά χρώματα όπως μπλε και πράσινο, αισθάνονται την θερμοκρασία 6-10 βαθμούς Fahrenheit χαμηλότερη από την

[164] Μοσχάτος, Α., Ηλιακή Ενέργεια, σελ. 29 – 40, Αθήνα 1992
[165] Τσιμπούκης, Α., Σημειώσεις Κλιματισμού, σελ. 64 – 70, Λάρισα 1993
[166] Κούρκουλος, Α., Έλεγχος Ποιότητος Και Οικονομική Ανάλυση, σελ. 259 – 260, Αθήνα 1986
[167] Πληροφοριακά, το λευκό αντανακλά το 80% του φωτός και το λευκό 5%
[168] Ιορδανίδης, Π. / Μπέρος, Π., Υγιεινή Και Ασφάλεια Εργαζομένων, σελ. 154, Αθήνα 1991
[169] Ιορδανίδης, Π. / Μπέρος, Π., Υγιεινή Και Ασφάλεια Εργαζομένων, σελ. 156 – 157, Αθήνα 1991

πραγματική. Ενώ τα θερμά χρώματα όπως κόκκινο και πορτοκαλί, δίνουν την αίσθηση θερμοκρασίας 6-10 βαθμούς υψηλότερη από την κανονική.

ΣΥΜΠΕΡΑΣΜΑΤΑ ΚΑΙ ΠΡΟΤΑΣΕΙΣ

ΣΥΜΠΕΡΑΣΜΑΤΑ

Η μελέτη για τον ρόλο του χρώματος αποδεικνύει ότι το χρώμα πέρα από οπτικό ερέθισμα αποτελεί και πομπό ερεθισμάτων μάρκετινγκ. Το χρώμα λόγω της άμεσης και έμμεσης ψυχολογικής επίδρασης μπορεί να ταυτιστεί με τις καταναλωτικές ανάγκες και να επηρεάσει σε σημαντικό βαθμό την αγοραστική απόφαση του δυνητικού καταναλωτή. Επίσης μπορεί να βοηθήσει την επιχείρηση να βελτιώσει την συνολική της εικόνα βοηθώντας σε εφαρμογές όπως η πρόσληψη / αξιολόγηση εργατικού δυναμικού και η εξοικονόμηση ενέργειας. Άρα το χρώμα είναι ένας πομπός ερεθισμάτων μάρκετινγκ γιατί η εφαρμογή του μπορεί να προσαρμοστεί στις ανάγκες του καταναλωτικού κοινού και να λειτουργήσει με πελατοκεντρική αντίληψη.

ΠΡΟΤΑΣΕΙΣ

Ο ρόλος του χρώματος ως εργαλείο μάρκετινγκ έχει γίνει αντιληπτός από αρκετές επιχειρήσεις όμως πιστεύω ότι πρέπει να αξιοποιηθεί η χρήση του σε περαιτέρω εφαρμογές από την συσκευασία του προϊόντος. Ένας ουσιαστικότερος ρόλος του χρώματος θα είναι η εισαγωγή του χρώματος στον ρουχισμό των εργαζομένων. Ανάλογα με την εργασία που εκτελεί ο κάθε υπάλληλος θα φορά το κατάλληλο χρώμα ρουχισμού που είναι προσανατολισμένο στις ανάγκες του πόστου. Π.χ. το προσωπικό που σχετίζεται με εξυπηρέτηση πελατών θα φορά ρούχα με γαλάζιες και πορτοκαλί αποχρώσεις γιατί το γαλάζιο είναι το χρώμα της ηρεμίας και το πορτοκαλί κάμπτει την επιθετικότητα.

Επίσης όπως έχει αναφερθεί και στην μελέτη μας, μία από τις ομάδες κοινού που δεν έχει αξιοποιηθεί ούτε έχει δοθεί ιδιαίτερη σημασία στον ρόλο τους είναι οι χρωματικά τυφλοί. Αυτή η κοινωνική ομάδα πρέπει να προσεγγιστεί και να αξιοποιηθεί γιατί λόγω της δυσκολίας τους στην αντίληψη των χρωμάτων αντιλαμβάνονται το διαφημιστικό μήνυμα με λάθος τρόπο. Με την σωστή χρήση του χρώματος μπορούν αντιληφθούν το μήνυμα τόσο οι φυσιολογικοί καταναλωτές όσο και οι χρωματικά τυφλοί. Έτσι θα λάβουν το μήνυμα περισσότερα άτομα και θα μειωθεί το κόστος διαφήμισης λόγω ότι τώρα πια μεγαλώνει ο πληθυσμός που είναι αποδέκτης του μηνύματος.

Εκτός από τους χρωματικά τυφλούς, υπάρχουν και άλλες καταναλωτικές ομάδες με ιδιαιτερότητες που μπορούν να επηρεάσουν την χρήση χρώματος. Ο αριθμός συναισθητικών ατόμων είναι αρκετά μεγάλος αλλά είναι διασκορπισμένοι σε διάφορες χώρες και γι αυτό μόνο από το διαδίκτυο όπου είναι αισθητή η παρουσία τους μπορούν να προσεγγιστούν. Η δημιουργία ενός ηλεκτρονικού καταστήματος προσαρμοσμένου στις ανάγκες τους θα είναι ιδανική λύση καθώς ο ανταγωνισμός είναι μηδαμινός και το εμπορικό έδαφος, παρθένο. Επίσης οι διαφορές στις προτιμήσεις χρώματος ανάμεσα στα δύο φύλα και στις διαφορετικές εθνότητες πρέπει να ληφθεί σοβαρά από τις εμπορικές εταιρίες για την χρήση του χρώματος.

Τέλος το χρώμα εκτός από την παραδοσιακή χρήση του στην συσκευασία, μπορεί να αξιοποιηθεί μέσα στο επιχειρησιακό περιβάλλον. Το Χρωμο Τεστ του Μάξ Λούσερ μπορεί να βοηθήσει τις επιχειρήσεις στην εξερεύνηση την ανθρώπινης προσωπικότητας άρα και στην αξιολόγηση / πρόσληψη προσωπικού. Επίσης αν αξιοποιηθεί η σχέση ηλιακού φωτός και χρώματος θα βοηθήσει στην εξοικονόμηση ενέργειας και χρημάτων στην επιχείρηση.

Η μύηση στον κόσμο του χρώματος ίσως είναι χρονοβόρα για τους αρχάριους αλλά η ανταμοιβή από την κατανόηση των χρωματικών μυστικών αξίζει πραγματικά τον κόπο για την ενασχόληση με αυτό.

ΒΙΒΛΙΟΓΡΑΦΙΑ

1. Βιβλία

1.1 Ελληνόγλωσσα και μεταφρασμένα στα Ελληνικά

➤ Valentine, T.: Το Μυστήριο της Μεγάλης Πυραμίδας, Αθήνα 1981.
➤ Βλαχοπούλου, Μ.: Ε – Marketing, Αθήνα 1999.
➤ Γάλλης, Α.: Προγραμματίστε σε HTML, Αθήνα 1997.
➤ Γκόμπλιας, Κ.: Διαφημίζοντας , Αθήνα 1991.
➤ Διακογιάννης, Γ.: Ο πληρέστερος οδηγός του Photoshop 5.02, Αθήνα 1999.
➤ Ζευγαρίδης, Σ. / Σταματιάδης: Γ.: Διοίκηση & Εποπτεία Προσωπικού, Αθήνα 1997.
➤ Ζώτος, Γ.: Διαφήμιση, Θεσσαλονίκη 1992.
➤ Ιορδανίδης, Π. / Μπέρος, Π.: Υγιεινή και Ασφάλεια Εργαζομένων, Αθήνα 1991.
➤ Καρανάσιος, Π. :Αρχές Διοίκησης Επιχειρήσεων, Αθήνα 1994.
➤ Kotler, P.: Μάρκετινγκ Μάνατζμεντ, Αθήνα 1991.
➤ Κούρκουλος, Α.: Έλεγχος Ποιότητος Και Οικονομική Ανάλυση, Αθήνα 1986.
➤ Laura, L.: Εγχειρίδιο της HTML 3.2, Αθήνα 1996.
➤ Λούσερ, Μ.: Χρωμο-Τεστ, Αθήνα 1978.
➤ McNair, B.: Εισαγωγή Στην Πολιτική Επικοινωνία, Αθήνα 1998.
➤ Μαυρουλέας, Ν.: Τεχνική Λιανικών Πωλήσεων, Αθήνα – Πειραιάς 1994.
➤ Μοσχάτος, Α.: Ηλιακή Ενέργεια, Αθήνα 1992.
➤ Νασιάκου, Μ. / Μαράτου, Ο. / Ναυρίδης, Κ. / Δραγώνα, Θ. / Τέττερη Ι.: Ψυχολογία, Αθήνα 1995.
➤ Πανηγυράκης, Γ.: Διεθνές Εξαγωγικό Marketing , Τόμος I, Αθήνα 1999.
➤ Πάντος, Θ.: Η Αίσθηση Του Χρώματος, Αθήνα 1980.
➤ Πατρινός, Δ.: Βιομηχανικό Marketing, Περιστέρι 1999.
➤ Pease, Α.: Η Γλώσσα του Σώματος, Αθήνα 1991.
➤ Samson, Η. / Price, W.: Διαφήμιση – Προγραμματισμός & Τεχνικές, Αθήνα 1997.
➤ Σιώμκος, Γ.: Συμπεριφορά Καταναλωτή & Στρατηγική Μάρκετινγκ, Τόμος Α, Αθήνα – Πειραιάς 1994.
➤ Τζωρτζάκης Κ. / Τζωρτζάκη Α. : Μάρκετινγκ Μάνατζμεντ Η Ελληνική Προσέγγιση , Αθήνα 1996.
➤ Τηλικίδου, Ε.: Έρευνα Μάρκετινγκ, Θεσ/νίκη 1999.
➤ Τομάρας, Π.: Εισαγωγή Στο Marketing Και Την Έρευνα Αγοράς, Αθήνα 1997.
➤ Τσιμπούκης, Α.: Σημειώσεις Κλιματισμού, Λάρισα 1993.
➤ Τσιότρας, Γ.: Βελτίωση Ποιότητας, Αθήνα 2000.
➤ Fulton, J.: Windows 98 σε 10 Λεπτά, Αθήνα 1998.
➤ Φραγκομίχαλος, Κ.: Στρατηγική Επικοινωνίας – Η Τέχνη Και Η Τεχνική Του Γραπτού Και Προφορικού Λόγου, Αθήνα 1999.
➤ Φροϋντ, Σ.: Τοτεμ και Ταμπου, Αθήνα 1975.

63

➢ Φροϋντ, Σ.: Τρεις Μελέτες Για Τη Θεωρία Της Σεξουαλικότητας, Αθήνα 1978.
➢ Φρόυντ, Σ.: Ψυχολογία των Μαζών και ανάλυση του Εγώ, Αθήνα 1994.
➢ Χατς, Ν. / Μίλγουωρντ , Σ.: Από το Μπλουζ στο Ροκ, Αθήνα 1994.

1.2 Ξενόγλωσσα

➢ Fasani, A. : Éléments de peinture murale pour une technique rationelle de la peinture, Paris 1950.
➢ Kreitler, H. / Kreitler, S. : Psychology of the Arts, Durham 1972.
➢ Panigyrakis, G.: A Systematic Approach to the Functional Use of Colour in Advertising, Wales 1981.

2. Περιοδικά / Μελέτες

2.1 Ελληνόγλωσσα

➢ Browning, G.: Ο επιστημονισμός ή η επιστήμη σαν δόγμα και η επιστημονική φαντασία, στο : Απαγορευμένος Πλανήτης 1 / 1988.
➢ Σκορδίλης, Γ.: Ήχος και Μουσική στη Διαφήμιση, στο: Marketing Week 898 / 2001.

2.2 Ξενόγλωσσα

➢ Baker, S. / Caufman, C. / Gould, S.: Dialogues With Visually Impaired And Color Blind Consumers: Psychological, Socio-Cultural, And Social Policy Perspectives On An Emerging Issue In Consumer Research ,in : Advances In Consumer Research 3 /1999.
➢ Bellizi, J. / Crowley, A. / Hasty, R.: The Effects Of Color In Store Design, in: Journal Of Retailing 59 / 1983.
➢ Berlin, C.: When Students Imagine In Color, in :Harvard 1998.
➢ Bierley, C.: Classical Conditioning Of Preferences For Stimuli, in: Journal Of Consumer Research 12 / 1985.
➢ Caufman, C.: Accessible Advertising For Visually-Disabled Persons: The Case Of Color-Deficient Consumers, in: Journal Of Consumer Marketing 18 / 2001.
➢ Clarke, I. / HoneycuttJr, E. : Color Usage In International Business To Business Print Advertising , in: Industrial Marketing Management 3 / 2000.
➢ Coleman, M.: Color Trends In Brand Packaging, in: Consumer Insight 3 / 2001.
➢ Eysenck, J.: A Critical And Exprimental Study Of Color Preferences, in : American Journal Of Psychology 54 / 1941.

- Gorn, J. : The Effects Of Music In Advertising On Choice Behavior : A Classical Conditioning Approach, in : Journal Of Marketing 46 / 1982.
- Grossman, R. / Wisenblit, J.: What We Know About Consumers' Color Choices, in : Journal Of Marketing Practice 3 / 1999.
- Guerin, D. / Park, Y. / Yang, S.: Development Of An Instrument To Study The Meaning Of Color In Interior Environments, in : Journal Of Interior Design 20 / 1995.
- Holmes, C. / Buchanan, J.: Color Preference As A Function Of The Object Described, in : Bulletin Of The Psychonomic Society 1984.
- Kardes, R. : Spontaneous Inference Process In Advertising: The Effects Of Conclusion Omission And Involvement Of Persuation, in : Journal Of Consumer Research 18 / 1988.
- Middlestadt, E.: The Effect Of Background And Ambient Color On Product Attitudes And Beliefs, in: Advances In Consumer Research 17 / 1990.
- U.S. Department of Commerce, Bureau Of The Census: Statistical Abstracts Of The United States, 1995.
- Walsh, L. / Toma, R. / Tuveson, R. / Sondhi, L.: Color Preference And Food Choice Among Children, in : Journal Of Psychology 124 / 1990.

3. Διαδίκτυο

3.1 Ελληνόγλωσσο

- Δαφερέρα, Α.: Το Διαιτολόγιο Στην Αρχαιότητα - http://www.gourmed.gr/greek/mediterranean-diet/show.asp?mcid=41
- N.N.: AEK Internet Fun Club - http://www.aek.gr/
- N.N.: E On Line Ελλάδα - http://archive.enet.gr/1999/09/21/on-line/keimena/greece/greece8.htm
- N.N: Ατλάντικ Welcome Club - http://www.atlantic.gr/gr/index.asp?p=1-8
- N.N: Ποια Τα Χαρακτηριστικά Στοιχεία Του Χρώματος - http://sfr.ee.teiath.gr/htmSELIDES/Lab_CAD/CraftMper/XR02.htm
- N.N.: Τι Είναι Τα Βασικά Σύνθετα Χρώματα - http://sfr.ee.teiath.gr/htmSELIDES/Lab_CAD/CraftMper/XR03.htm
- N.N.: Τι Είναι Θερμά Και Τι Ψυχρά Χρώματα - http://sfr.ee.teiath.gr/htmSELIDES/Lab_CAD/Craft/Mper/XR06.htm
- N.N.: Πως Κάνουμε Χρωματικούς Συνδυασμούς - http://sfr.teiath.gr/htmSELIDES/Lab_CAD/Craft/Mper/XR07.htm

3.2 Ξενόγλωσσο

- Atkinson, J. : Marketing Plan : Competition - http://www.ultimate-affiliate.com/5%20marketing/5.3.4competition.htm
- Barclay, I.: Color Matching In A Retail Environment - http://www.colormatters.com/r_barclay.html

- Cassidy, C.: Letter Color Synaesthesia - http://www.cs.washington.edu/homes/cassidy/syn/
- Costigan, K.: How Color Goes To Your Head - http://dandini.emeraldinsight.com/rpsv/cgi-bin/linker?ext=y&ref=15505ca1-8
- Gilbert, A.: Retailers Take Stock Of Smart Shelves - http://zdnet.com.com/2100-1103-979710.html
- Heath , R.P.: The Wonderful World Of Color - http://www.demographics.com/publications/mt/97_mt/9710_mt?mt971022.htm
- Jarek and Marius: Sir Issak Newton - http://www.gesamtschule.monheim.de/texte/physiker/Newton.htm
- Johnson, G.: Pepsi Blue - http://www.adbusters.org/magazine/20/pepsi.html
- Khouw, N.: The Meaning Of Color For Gender - http://www.colormatters.com/khouw.html
- Kwallek, N. / Lewis C. / Lin-Hsiao J. / Woodson H.: Effects Of Nine Monochromatic Office Interior Colors On Clerical Tasks And Worker Mood - http://www3.interscience.wiley.com/cgi-bin/abstract/67717/START
- Lempert, P.: How Colors Affect Our Supermarket Purchases - http://www.supermarketguru.com/TrendUpdate/arch_10-22-01.html
- Morton, J.:Color Matters – http://www.colormatters.com
- Morton, J. :Car Color Stories - http://www.colormatters.com/bbcar.html
- Morton, J.: Color Theory - http://www.colormatters.com/colortheory.html
- Morton, J.: How Computers See Color - http://www.colormatters.com/comput.html#see
- Morton, J.: Color For E-Commerce - http://www.colormatters.com/des_ecom.html
- Morton, J.: True Colors & Metamerism - http://www.colormatters.com/des_meta.html
- Morton, J.: Color And Energy Matters - http://www.colormatters.com/energymatters.html
- Morton, J.: Color Specifications - www.colormatters.com/munsell.html
- Morton, J.: Color Systems - http://www.colormatters.com/rgb.html
- Morton, J.:How The Eye Sees Color - http://www.colormatters.com/seecolor.html
- Mundell, H.: How The Color Mafia Chooses Your Clothes - http://dandini.emeraldinsight.com/rpsv/cgi-bin/linker?ext=y&ref=15505ca1-28
- N.N.: About Decorating -http://www.aboutdecorating.net/wall.htm
- N.N.: Advertising Age - www.adage.com
- N.N.: Unleashing Your Ad Dollars In Newspapers - http://advertising.about.com/library/weekly/aa122600c.htm?terms=advertisement+and+newspapers
- N.N.: B To B, The Magazine For Marketing Strategists - http://www.btobonline.com/

- ➢ N.N.: Business Magazine Subscription - http://www.business-magazines.com/
- ➢ N.N.: Our Custom Color Services Can Help - http://www.colorinstitute.pantone.com/home.html
- ➢ N.N.: DVD Frequently Asked Questions (And Answers) - http://www.dvddemystified.com/dvdfaq.html
- ➢ N.N.: How Many People Are Colour Blind? - http://www.ergogero.com/FAQ/Part4/cfaqPart4.html#p4.2
- ➢ N.N.: What Do Color Blind People See? - http://www.ergogero.com/FAQ/Part4/cfaqPart4.html#p4.2
- ➢ N.N.: How Should I Design Color For Dichromats - http://www.ergogero.com/FAQ/Part4/cfaqPart4.html#p4.5
- ➢ N.N: How Do I Create An Aesthetically Pleasing Color Scheme? - http://www.ergogero.com/FAQ/Part5/cfaqPart5.html#p5.13
- ➢ N.N.: What Are Some Common Mistakes In Color Usage? - http://www.ergogero.com/FAQ/Part5/cfaqPart5.html#p5.15
- ➢ N.N.: How Does Color Convey Meaning? - http://www.ergogero.com/FAQ/Part5/cfaqPart5.html#p5.2
- ➢ N.N.: How Can I Use Color To Change Apparent Size - http://www.ergogero.com/FAQ/Part5/cfaqPart5.html#p5.4
- ➢ N.N.: How Do I Use Color To Organize The Display Into Perceptual Chunks - http://www.ergogero.com/FAQ/Part5/cfaqPart5.html#p5.6
- ➢ N.N.: How Do I Use Color To Direct Attention - http://www.ergogero.com/FAQ/Part5/cfaqPart5.html#p5.7
- ➢ N.N.: Color For Text Sign And Graph Legibility - http://www.ergogero.com/FAQ/Part5/cfaqPart6.html
- ➢ N.N.: Color Marketing Group Experts Laud Heinz Decision to ``Squeeze'' More Color Into Ketchup - http://www.findarticles.com/cf_0/m0EIN/2001_July_9/76405290/p1/article.jhtml?term=color+and+psychology
- ➢ N.N: The Meaning Of Color In Cultures - http://library.thinkquest.org/50065/psych/meaning.html?tqskip1=1&tqtime=1124
- ➢ N.N.: The Synesthesia Webring - http://www.lymax.com/dischord/synesthesia/webring.htm
- ➢ N.N.: The American Synesthesia Association - http://www.multimediaplace.com/asa/
- ➢ N.N.: Syn Experiences - http://www.ncu.edu.tw/~daysa/syn-experiences.htm
- ➢ N.N.: Definition Of Synesthesia - http://www.ncu.edu.tw/~daysa/synesthesia.htm#Definition of
- ➢ N.N.: Pantone - http://www.pantone.com/
- ➢ N.N: The Psychology Of Color - http://www.rosecrafts.com/colorb.html
- ➢ N.N.: Colour Therapy - http://www.saffronsoul.com/usr/colortherapy.asp#
- ➢ N.N.: Psychological effects of color - http://www.saffronsoul.com/usr/psycho_colors.asp
- ➢ N.N.: Color Wheel And Color Complements - http://www.saumag.edu/art/studio/chalkboard/c-wheel.html

- ➢ N.N.: Clothes Fashion Tips: Learn What Color Can Do For You - http://sdsd.essortment.com/clothesfashion_rgtj.htm
- ➢ N.N.: The Magical Properties Of Yellow - http://seemall.com/gems/yellow.html
- ➢ N.N.: Philosophy Of Human Psychology - http://www.stenmorten.com/English/php/php.htm
- ➢ N.N.: Colors For The Color Blind - http://www.toledo-bend.com/colorblind/index.html
- ➢ N.N: Ada Home Page - http://www.usdoj.gov/crt/ada/adahom1.htm
- ➢ N.N: Intro To The Reds - http://webexhibits.org/pigments/indiv/color/reds2.html
- ➢ N.N.: Synaesthesia : Listen With Your Eyes - http://yoyo.cc.monash.edu.au/~pfh/synaesthesia.html

www.ingramcontent.com/pod-product-compliance
Lightning Source LLC
Chambersburg PA
CBHW021905170526
45157CB00005B/1980